子どもの思考が
ぐんぐん深まる

教師のすごい!書く指導

森川正樹
Morikawa Masaki

東洋館出版社

プロローグ

「書くこと」は無限

「書くこと」の世界は無限です。
私たち教師は、そのことをもっと子どもたちに語らなければなりません。
「書ける」ことがいかに魅力的なことか。
「書ける」ことがどれだけ人生を豊かにすることなのか……。
次の文章を見てください。

眼下のせせらぎ。

この一行だけでも、読み手には様々な想像が広がります。
頭の中に思い描く〝せせらぎ〟は読み手の数だけ存在します。

そこには無数のトンボが飛んでくるかもしれません。水面にはゆれる月の姿が映っているかもしれません。

映像はイメージが一つに限定されます。

文章は、人に想像することを許してくれるのです。

想像の世界に遊ばせてくれるのです。

それも、ちょっと書くだけで様々な世界が描き出せる。

「書くこと」で天地を創造できるのです。


また「書くこと」は、自分の頭の中を客観的に他者に提示できます。

考えていることを伝え、そして残せる。時や場所を隔てても、です。

だから、歴史が紡がれた。

人類の英知の営みは書くこと、記録することで脈々と今に至っています。

その過程の中で、私たちは様々に考える。それが思考力を養う。

その過程の中で、私たちはよりよい伝え方を探求する。それが表現力を養う。

文字の発明に始まり、それを操る行為である「書く」を取り巻く行為には果てしがないのです。

　だから、書くことは「無限」。

「書く」というこんなにも〝魅力的な世界〟を子どもたちに伝えないわけにはいきません。

　いや、その魅力を伝えることができるなんて、なんと素敵な仕事なのでしょう、教師という仕事は。

……つい熱くなってしまいました（笑）。

　私は**「書くこと」を指導の〝核〟として**これまで教師の道を歩いてきました。

「書くこと」指導は、いわば私のライフワークなのです。

　新任のときから今まで、「書くこと指導」に対する思いは熱くなる一方です。


「書くこと」は残ります。

　だから、子どもたち自身が自分の成長を目に見えて実感できます。

「書く指導」は、子どもたちの想像力を豊かにする指導です。

「書く指導」は、子どもたちを常に思考させる指導です。

「書く指導」は、子どもたちの自己肯定感につながる仕事です。

「書く指導」は、子どもたちの笑顔につながる指導です。

「書くこと」を指導することで、素敵なことが次々と生まれてくるのです。

「書けること」は、あらゆる〈幸せ〉につながるのです。

なぜそう言い切れるのか。

それは目の前の子どもたちで実感してきているからです。

子どもたちの姿を通して。

子どもたちの書いたものを通して。


そんな「書くことの指導」にとりつかれて、ここまで先生をしてきました。

そしてやっぱり、「書く指導」はおもしろいし、奥が深いし、難しいと実感しています。

この本だけではとても「書くこと」の指導を、魅力を伝え切れません。が、まずは現在私が実践している、「書くこと指導」のイロハから、重箱の隅をつつくような細かいこと、そして授業における指導まで……様々な観点からまとめたものをお届けします。

「書く」とともに歩いてきたすべての子どもたちに感謝。

そして「書く」を通して読者のあなたと出会えたことに感謝。

この本は、「書く指導」を楽しみたいすべての方との連帯の書です。

目次

part 2

〝書ける〟クラスにする指導 47

part 3

子どもが思考する〝書く授業〟のつくり方 85

part 4

part 5

〝もう一歩〟詰める書く指導

part 6 書く力が格段にアップする評価 195

Part 1

書くことが楽しくなる指導

1 「書くこと」一時間目の授業

「書くこと」の一時間目の授業、それは「書くこと」との〝出会い〟の授業。だから、魅力的な時間にしなければなりません。**教師自身の気持ちの出し方も重要に**なってきます。満面の笑みでなければなりません。

その〝出会い〟に何をするか。まずは、授業の冒頭を再現してみましょう。

【実際の授業中継】

始まりました。事実上、六年一組の歴史はここから始まると言ってもいいね。

（子どもたち：ポカン）

わかってる。ポカンとしているね。わかってるよ。最初はどの教室でもそうなる。「ポカン」だよ。それが、三学期には「キリッ！」に変わるから。

「ポカン」から、「キリッ！」だよ。ココ重要。覚えておいて！

さて、このクラスになったからには一年後、いやこの先ずっと夢を叶えていこう。そのために最も重要なことの一つを一年間ずっと続けていきます。

それが、「書くこと」。

今、聞いていて「うわ、俺、書くこと苦手やなあ」とか、「私、書くこと嫌い」って思った人、いるよね。たくさんかもしれないなあ。

大丈夫。それ想定内だから。みんなそうだから。でも、次重要ね。

一年後、その思いは圧倒的に変わります。

激変します。変わりすぎて一周します！

（子どもたち：一緒やん！）

ナイス、ツッコミ。いい反応しているわ。このクラス。頼もしいわ。

全員がものすごく書けるようになるから。先生がそうするから。でも、みんなも協力してほしい。
では、なぜ先生が書けるようになってほしいと強く思っているか。その話をするね。書けるようになると何がいいでしょうか。ちょっと考えてみて。そしてノートに書いてみて。「書くことで叶うこと」、ノートに。

「書くことで叶う様々なこと」を子どもたちと一緒に挙げていきます。ニコニコしながら。左の写真はそのときの子どもの作品です。

まとめるときには、「マインドマップ形式」にまとめていきます。最初の授業で「まとめ方」も一緒に教えてしまうのです。

これは後にノートを取るときに役立ちます。

さて、黒板は書くことで実現する様々な素敵なことで埋め尽くされていきます。

そして大体出そろったときに、**「これだけの可能性を秘めている〝書くこと〟をこの一年間、みんなと一緒に特に力を入れて進めていこうと思っています」**と締める。

こうして**「書くことの柱」をまず教室の中央にドーンと立てます。**それが、「書くこと」との出会いの授業です。

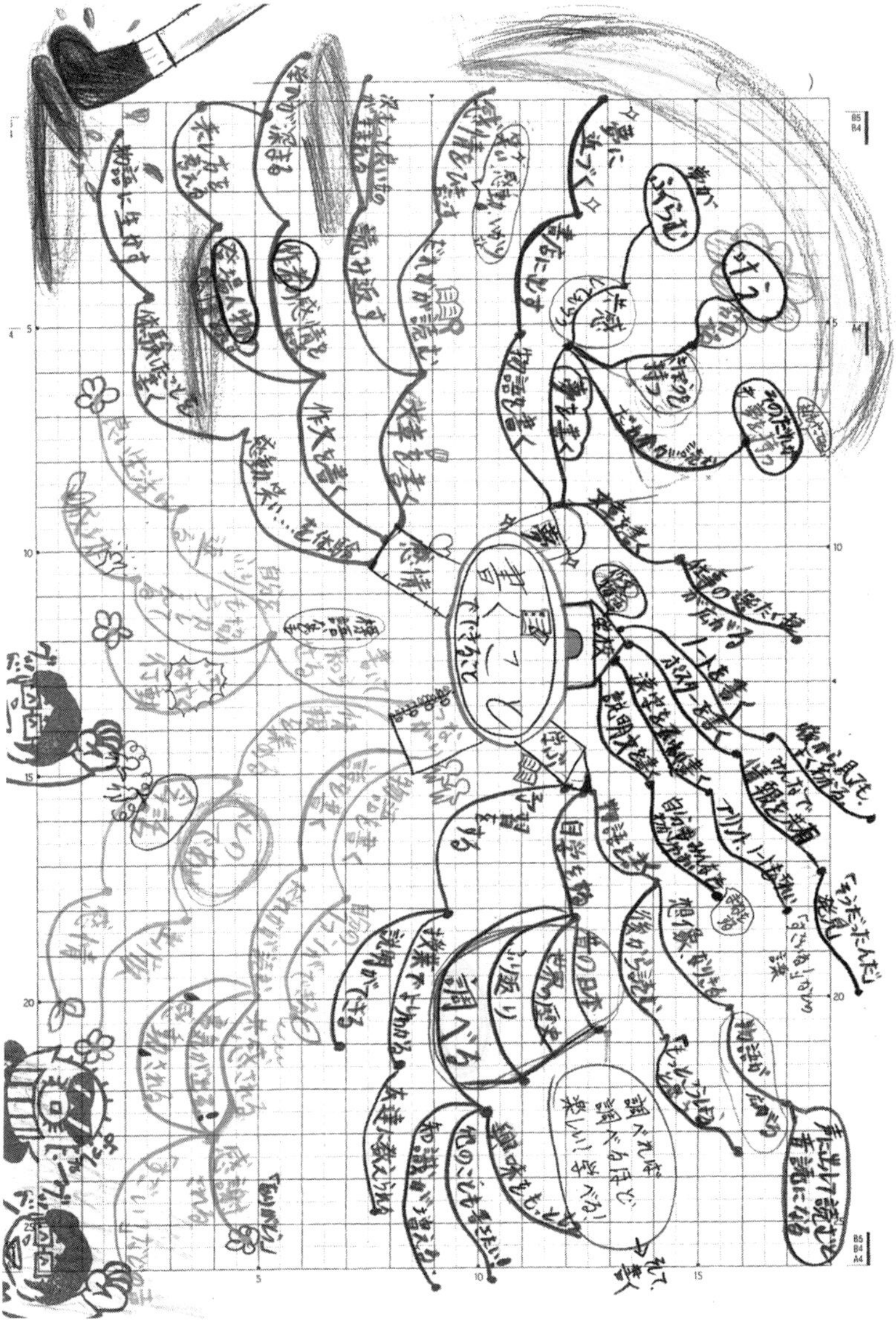

2 〝事実のハードル〟を調整する

とかく私たち教師は「教師の書かせたいこと」だけを子どもに書かせようとします。これは当然のことでしょうか。「書くこと」指導初期の場合、「書かせたいこと」優先では子どもたちは「書くこと」の世界に入ってきません。では、何を書かせるのか。

「子どもたちが書けること」

です。「書かせたいこと」をひとまず横に置いておいて、「書けそうなこと」を書かせる場を設定します。そして**「書けた」という〝事実〟を早々に残させてあげる**のです。

クラスによって、子どもによって、「書ける事実」は違います。その「事実のハードル」をまずは見極めます。そして、ハードルを調整するのです。

例えば、いきなり「では、感想を書いてごらん」と言えるクラスがあります。一方で、「書く」という行為そのものに抵抗のあるクラスもあります。その場合は、いきなり「感想を書いてごらん」と言うのはクラスの実態に合わないため、実行するのは難しいでしょう。まずは「書き慣れ」が必要になります。

その際は次のような**「書き慣れレシピ」**を導入します。

①『吹き出しを埋めろ！』
②『キャッチコピーを作れ！』
③『宝くじで3億円あたったら？』
④『今だから言える！　私の失敗談』

技術的に負荷がかからない①、②はすぐにでも始められます。その際①は「絵葉書」や「おもしろ画像」の中の登場人物へのツッコミを書かせたり、セリフを書かせたりといった活動がオススメです。②は今日一日のタイトルを考えたり、授業にタイトルをつけてみたりする活動です。

③、④はテーマがおもしろいので「書き出せる」レシピです。

いきなり感想を書き出せるような、「書くことが苦にならない集団」の場合は、教師の「書かせたいこと」を子どもたちにいきなり提示してもよいでしょう。そして時々「遊び」感覚でおもしろく書けるテーマを挿入します。「書き慣れレシピ」は、他にも方法があります。

「言葉集め」で書く

■「国語辞典」を使って様々な言葉集め

「あ」の付く言葉集め・自分の気に入った言葉集め・自分が格好いいと思う言葉集め・物の名前集め・辞典をめくっていて初めて知った言葉集め……。辞典を使えばいくらでも言葉集めができます。

■言葉のしりとり

紙に書きながらしりとりをします。一人でいくつ続けられるかタイムアタック。ペアで交互に「書きしりとり」。

■○○な言葉集め

「春（夏秋冬）」と思う言葉集め。「オノマトペ」集め。「やさしい言葉集め」。「聞こえてくる音」集め（音を文字化するなど）。

■言葉の連想ゲーム

連想ゲームのように、言葉から次の言葉を連想してつなげてどんどん書いていきます。

「視写」で書く

写させるのは、あらゆる学習の基本です。短い文から始め、次第にまとまりのある文章を写させていきます。視写教材も出ているので、そのような教材を活用してもよいでしょう。同じ文章を何回も繰り返し視写させるのも、自分が書ける字数が増えていくので子どものやる気につながる場合があります。

書くことの指導入門期では「事実のハードル」を調整して、**クラスに合った「書くことの入り口」を設定**します。

それが、一年間の「書くこと」のモチベーションにも大きく影響するのです。

3 「書くことパーソナルデータ」を知る

ノートに感想を書かせるとき、私は**かかった時間をノートの上部に書かせています。**〈ここまで〉と矢印を下向き（↓）に入れ、その矢印の上に〈10分〉などと時間を書かせるのです。20分書かせたのなら、「今日は20分です。矢印を入れて上に〈20分〉と書いておきなさい」という具合です。

これを毎日のように繰り返すと、子どもたちはなんとなく今から10分あればこのくらい書ける、ということをつかんでいきます。

自分の書ける分量を知る。これがまずは最初の自分の「書くことパーソナルデータ」となります。これがわかれば、時間を気にしながら書いていけるようになります。制限時間内で書くときに生きてくるわけです。自分は10分あれば大体これくらい書けるな、という感覚です。

いつも好きなだけ書けるわけではありません。むしろ社会に出れば、決められた時間の中で自分の考えを書いていくことのほうが多いでしょう。そんなときに精一杯のパフォーマンスをするために、「自分の書ける分量」を知っておかせるのです。

日々の繰り返しの中にこそ、その子を成長させるために意識させたいポイントがあります。**自分の書いた分量、書けた分量にも意識させせるのが、「書くこと」の指導**なのです。

「書くことパーソナルデータ」は、他に次のようなものがあります。

・自分は字が汚いほうだ。
・自分は表現技法に懲りすぎる傾向がある。
・最初は盛り上がるけれど、後で気が抜けて単純になる。
・書き出しは得意。
・文体が混ざる傾向がある。

・「後で書こう（話そう）」と書いているのに、後で書かないことがよくある。
・問いを付けて読者に振るが自分の答えを書かない。
・短い。
・書いていて段々と意味がよくわからなくなることがある。

こういうことを子どもたちは日々感じているはずですが、そのままでは改善されません。だから「書き出す」ことで子どもたちを強烈な意識下に置きます。そうやって改善させていくのです。子どもたちは、こうした自分の「クセ」「傾向」と面と向かって向き合うことをあまりしてきていません。全体指導でこの中のいくつかを取り上げて指導されていればまだいいほうです。しかし、それではまだまだ〝他人事〟なのです。

そうではなく、きちんと**「パーソナルデータ」として自分の書きぶりをメタ認知させます。**簡単な「書くことパーソナルシート」を作り、定期的に振り返りをさせるといいでしょう。

「あなたの作文の直したいクセは何ですか？」
「あなたの書きぶりの特徴は何だと思いますか？」

「あなたは自分の書く文章のことを知っていますか？」

といった質問項目を作り、それに対して各々回答をきちんと書かせ、提出させておきます。一カ月たったらそれをもう一度配り、そこにあるもう一つの欄に、一カ月後になったがどうなったか。意識できたかを問います。そしてまた書かせます。

そのような振り返り場面をもたせるとよいでしょう。

・後のほうで力尽きることがなくなってきました。
・少し字がきれいになってきたかな。
・文体は必ず統一しています！

こうしたことを各自言えることが大切です。またそれを全体で共有し、たたえ合ってもいいですね。勉強に対して全員が前向きになる。よい空気が生まれます。

個人の成長を、皆で喜べるのが学級です。**パーソナルデータをうまく使って、クラス全体の学びに対する〝士気〟を高めましょう。**

4 書くことの体質改善を図る

子どもたちの書き手としての〝体質改善〟を図ります。

そのために変えるべきは「日常」。体質改善は日常を変えていかなければ成し得ません。

では、書くことにおける「日常」で変化を促す場面とはどこでしょうか。

それは**「連絡帳」**です。連絡帳を書かない教室はほぼないでしょう。だからそこを変えます。毎日のように書いている連絡帳の書かせ方を少し工夫することは、「変化し続ける」という状況を生みます。

具体的には、**連絡帳に毎日自分のことを書かせる**のです。

連絡帳の最後に「今日の自分の振り返りを書きます」として、次のような観点を毎日与えて書かせます。

・今日は発表（　　　　　　　）
・今日は聞くこと（　　　　　）
・今日は字（　　　　　　　　）
・今日は友達（　　　　　　　）
・今日は書くこと（　　　　　）

という感じ。毎日変えてもいいですし、あえて同じ観点で何日か続けさせてから次の観点へという繰り返しでもかまいません。

これらの様々な観点に馴染ませて始めて、「今日の自分を振り返って書きなさい」ができるのです。子どもたちがいきなり様々な観点で振り返りを書くことは難しい。少しずつ体を慣れさせて（観点を知り）、そして段々と距離を伸ばしていく（観点を複数入れていける）、そんなイメージで指導するといいでしょう。

では、実際の連絡帳の中身を見ていきましょう。

次頁の上段の写真は子どもたちに写させる連絡事項です。三年生の子たちに向けて提示したもの。「連絡事項」の最後に、「今日私は発表……」「明日……」と続きを自分で書く欄を設定しています。そこにそれぞれが自分の一日を振り返って書きます。

教師が特に意識させたいことなどについて自己評価できる空欄を設け、そこに記入させます。ただ、肝心なのはその次です。

これを続けていると、**欄に関係なく「自分で思ったことを書く」という子が現れます。それを見逃しません**。

下段の写真がそれです。⑤番は全員同じひな形で書いています。その後この子は、⑤番の後に自発的に書いたのです（それもこのときは、かなりびっしり！）。

実はこの子は最初、一行だけ自発的に書いたことがありました。その一行は次の日に全員の連絡帳を集めてチェックしているときに見つけました。私はそれに驚き、すぐに全員の前で紹介したのです。

「子どもが勝手に自分で書く」。これは最初からそうそうあることではありません。特に最初の一人は貴重です。

水無月二十一日（水）
【しゅくだい】
①算数プリント2枚（答え合わせ）
②座談会ふりかえり（プリントに）
【もちもの】
③座談会プリント
④算数プリント2枚
【れんらく】
⑤ついに！座談会1回目終了でなんと、
　60点！これはすごいことだ！！
⑥今日私は発表（　　　　）
　明日（　　　　）。
書いたら、きちんと次の日にやろう！
そうしたらかならず成長する！！

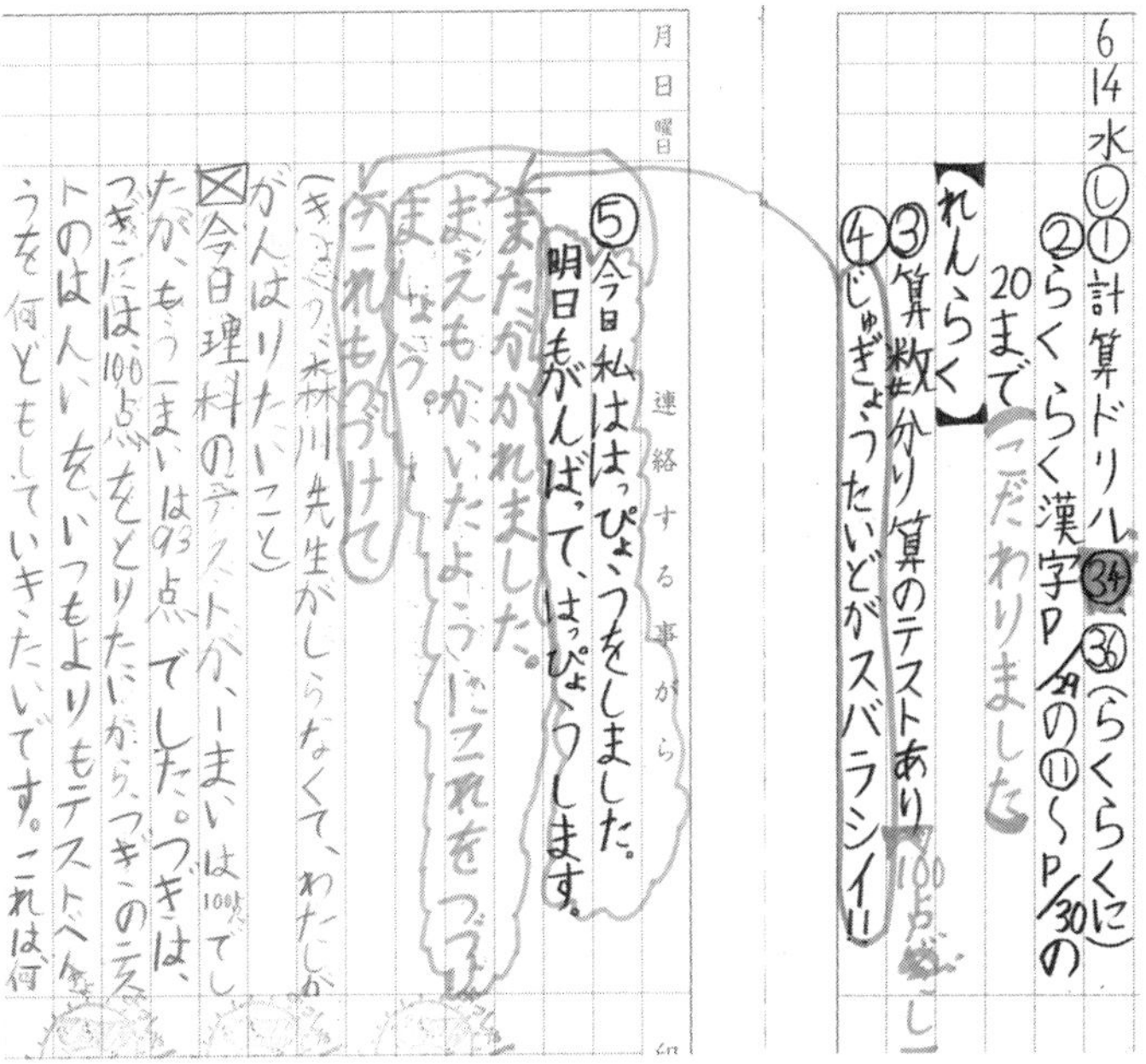

最初の一人に、感動し、取り上げ、褒め、価値づけていくことが大切です。

この子はその後毎回のように自分で思ったことを最後に書くようになりました。私はその子の連絡帳に大きく特別な花丸や多めにハンコを押し、コピーし続けました。

このような子が登場してくれればしめたものです。

最高の〝先人〟です。

まとめます。

私は、このように、自分で考えて書いていける子、書き出せる子を育てたいと考えています。

プラスαが書ける子ですね。

そのような子は**「書いていた人」**です。能動的な書き手と言えます。

言われたことだけを書いている子は（最初のうちは示されたことをきちんと書けることは大切なことですが）、**「書かされる人」**です。受動的な書き手です。

私は、クラスの子全員を「書いていた人」にしたい。そこに向かう学級集団でありたい。

そのための「体質改善」なのです。

5 負の視覚化をなくす

書くことや、学習そのものに支援が必要な子のノートを思い浮かべてみてください。少し使っては白紙、しばらく白紙でまた突然文字が現れる……このような状態はないでしょうか。

前年度をこの状態で終えている子を担任したら要注意です。

何が要注意なのか。

それは**「負の視覚化」の蓄積がある**から。

もしその子が六年生なら、五年間「負の視覚化」が行われてきているかもしれません。

どういうことかというと、

「書けなかった余白」＝「できない自分」

ということに他ならないのです。

その子にとって、与えられたワークシートにある二十行のうち、二行しか書けなければ、それは十八行分の**「できなかった感」が視覚化されて、突きつけられているのと同じこと**なのです。

積み重なる「余白」が、その子本人に与える影響は大きいものです。その積み重ねで、その子は書くことに対して嫌悪感を抱くようになります。書くことが嫌いになります。

書くことの指導は、書き手のメンタルの指導でもあります。

そこで、まず私たちができることは、「用紙のサイズ」から考えて指導にあたる、ということです。

つまり、**苦手な子が書き切れるサイズの用紙を配る**のです。

教師は、担任（担当）している子たちの実態に合わせて、「書くこと指導」のスタートを決めなければいけません。そこを間違えると、子どもたちはいつまでも書けないままになってしまう可能性があるのです。

6 〝紙〟の視点をもつ

前項で「苦手な子が書き切れるサイズの用紙を配る」と書きました。

最初に考えるのは紙のサイズです。〝そこにある紙〟を何気なく配ってよいのは「書き慣れ時期」を越えてからです。

最初は**「どのサイズなら全員書き切れるか」ということを考えて紙を用意**します。

教育現場ではＢ４はまだよく使われていますし、Ａ４やＢ５も頻繁に使われていることと思います。

それらのサイズから、さらにグッと小さくしてみましょう。

書くことが苦手な子どもの立場に立てば、Ａ５ならばなんとかなる気がしてきます。ハ

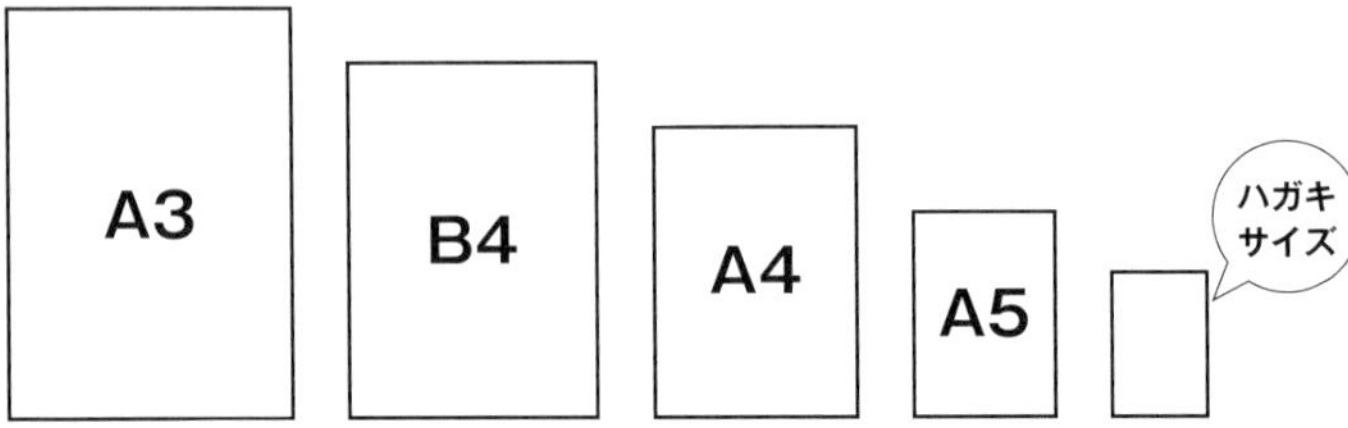

ガキサイズならば「まあ取りあえずやってみようか」という気持ちになるかもしれません。

例えば、ハガキサイズの紙に「言葉集め」の活動をさせたら、すぐに紙面が埋まります。やんちゃ君はビッグサイズで文字を書くからです。

そしてその子は悠々と「終わった！」と言って、二枚目に突入できます。

人生初の授業での〝用紙のおかわり〟の瞬間です。

とどのつまりは「名刺サイズ」！　これはもう「埋め切った感」を演出するためのものです。

「書けた」「書き切った」「書き終えた」……。これらの**「自分の字で用紙が埋まる」という体験が、書けない子を変えていく**のです。

まず〝紙〟の視点ありき、なのです。

スタートは、**〝紙のみぞ知る〟**なのです。

7 〝書ける子〟にする読書

縦横無尽に書ける子を育てたい。

そのためには子どもたちには「言葉」をたくさんもってほしい。

教室の中で「お、よくそのような言葉知っているなあ」「そういう言い回しができるのか～」と思わされる子、つまり「言葉をもっている子」には共通の特徴があります。

それは**「読書家」**だということ。

〝書ける子〟にするには、「言葉」をもたせる努力をしたい。

「言葉」をもてば、より豊かに書ける子になります。ですから、書くことの指導と並行して、「読書」を奨励しましょう。

書ける子にするための読書です。

スキマ時間に、頻繁に。

また、読書をさせる際に、**「書き始め」や「書き終わり」を意識させて読ませたり、「全体的にどのような印象を受けたか」などをくどくならない程度に子どもたちに投げかけたりしておく**だけでも、「文章」というものに対する子どもたちの意識が少しずつ変化します。

ダイヤモンドの原石も、素人から見ればただの石に見えるように、「見方」を知っていなければそのものの本当の価値がわからないことがあります。

文章も、国語科の読み取りの授業で培った観点を意識させたり、作文を書くときの観点などを当てはめて読ませることも、ときには必要。

ただただ、たくさん読むことが大切である一方で、書く力をつけるために意識した読書は、その子に新たな「書くための発見」を与えてくれるのです。

8 冷静と情熱の……段落指導

子どもたちへの「段落指導」の話は、次のような投げかけから始まります。

「作文が終わるのはいつでしょうか」

子どもたちは最初ポカンとした後で、「最後の文字を書いたとき」「鉛筆を置いたとき」など懸命に考えて話します。

彼らの意見を集約した後、私は**「作文が終わるのは、最初に誰かがその文章を読むときなのです」**と子どもたちに説明します。

つまり、読んでくれる人がいてこその、作文なのです。

よって段落は、基本的には読み手が読みやすいように付けるよう指導します。小学校ですから、作家の方の段落の付け方とはまた違います。

低学年には同じまとまりは「部屋」と呼んで意識させるとよいでしょう。

内容が変われば違う部屋を作る。

段落は新しい話題、考え方に移りますよ、の合図。

段落指導は「意識」の指導なのです。

低学年の教室で子どもたちの作品を紹介するときは、「段落がきちんと分かれているから先生読みやすいわぁ」と、あえて子どもたちに聞こえる声でつぶやきながら読み進めることもします。

この積み重ねが「段落がきちんと分かれていると読みやすい」という意識を育むのです。

余談ですが、教室での先生の呟きは意図があってするものです。

プロ教師の教室に素のつぶやきはないのです。

素に見せかけたつぶやきがそこにあるだけです。

書くこと指導でもそのつぶやきを使います。

段落指導は、書くこと指導についてまわるもの。サラッと毎日のように言い続けるのです。

ただ、高学年では自然とその先に話が及びます。というのは、段落は読みやすくするために付けるものとはいっても、そこには書き手の「個性」が出てくるからです。作家などまさにそう。それぞれ違う書きぶりを纏っていますよね。

高学年ではその辺も楽しめるとおもしろい。

書きぶりを楽しむのです。

ですから、高学年の子たちには、

「段落は書きぶりが出るから〈ここは改行する、しない〉まで楽しめるといいね」

と声をかけます。

書く力が急激に上達するのはそれが「遊び」になったとき。

学校の勉強は、何事も「遊び」にまで昇華したとき、急激に伸びるのです。

「段落を付ける付けないにまでこだわれる君たちは、もはや書くことは遊び。もう次のステージに行っている」と話せる学級をつくりたいですよね。

9 〝かける〟言葉で〝書ける〟子になる

「書くこと指導」は「技術」だけの指導ではうまくいきません。

メンタルの指導が重要になってきます。それは結局、何事も当の本人が「やる気」にならないことには始まらないからです。〝やらされている感〟が残っているうちは、大きな伸びは期待できません。

子どもたちが「主体的に」書き進めていけるための要素の中で大きいのは**「自尊心」**です。

「自分は書ける」「自分たちは書ける集団に属している」「自分たちはすごいんだ」

このような感情の蓄積は一人ひとりの子の心の中を変えます。やる気の導火線に火がつくのです。それには**成功体験、教師の言葉がけ**しかありません。

私は子どもたちに例えば次のような話をします。

『森へ』（光村図書六年）の学習に入った際のことです。

教　師：「森へ」の学習で今回君たちが書いた「出会いの感想文」、先生たちに紹介したら、「まとめの感想文」だと思っていたよ。「もう学習が終わった後の文章ですか？」って聞かれちゃった。「いいえ。勉強する前に書いたんですよ」って種明かししたらみんなびっくり。君たちはさすがだね。先生は鼻が高いです。高くて高くて天井に突き刺さっていますね、今回は（鼻が天井に突き刺さるジェスチャー）。

子ども：先生、それ（ジェスチャー）はもういいですから。

教　師：はい、すみません（教室に笑い）。

教　師：「文章の中からの引用が多い点」「きちんと言葉にこだわって書かれている点」「自分で疑問を出し、まずは自分でその答えを出してみている点」が優れていたのです。

私はこのような話を子どもたちによくします。子どもたちはニコニコして聞いています。

やっぱり子どもも大人も褒められたら嬉しいのです。

褒められて、「あなたたちはすごいよ」と言われ続けたら、自尊心も上がるのです。

きちんと様々な方法で、子どもたちの頑張りを評価し、伝えていくことです。

そうして**育まれた「自信」や「自尊心」は、その後出会うさらなる高みへと物怖じせずに挑んでいける「勇気」となります。「やる気」となるのです。**

また、私は授業中では、机間指導で「三つの声かけ」を実践しています。

1．激励系の声かけ

2．技術系の声かけ

3．独り言

作文を書かせているときに、我々教師は机で丸付けをしていてはいけません。学期が進んで子どもたちがモリモリと書けるようになってきていればそういうこともあるでしょうが、子どもたちが書いているときも、私たち教師は一人ひとりの子がより書けるように、よりやる気が出るように働きかけなければならないのです。

「三つの声かけ」、順を追って見ていきましょう。

1. 激励系の声かけ

主にメンタル面をくすぐる声かけです。以下に具体的に挙げてみます。

①今言ったこと、それ書いてるの？　↓やる気になる。

②後でコピーさせてね。　↓やる気になる。

③ああ、やっぱり書き出しが上手やな。　↓より強化する。

④きっと〇〇ちゃんは書き出しに凝っているはずだから、行って見てきなさい。

↓〇〇ちゃんはより頑張らなければ！と思う。子ども同士の教え合いの場の確保。

⑤お、今回はもう三行も書いているやないか。嬉しいわ、先生。成長したなあ。

↓具体的にその子の成長を褒めて、意識させる。

⑥カメラで写す。　↓やる気になる。
⑦あとから読んでもらうからね。　↓やる気になる。
⑧さすが○○さんや。ちょっと派遣されてくれる？
↓やる気になる。子ども同士の学び合いの確保。
⑨あれ？この部分これだけ？君ならもう少し細かく書くと思ったんだけど？
↓自尊心をくすぐって、より成長させる。ちょっとの妥協をスルーしない。

2. 技術系の声かけ

主に技術面の向上をねらっての声かけです。机間指導なので、個人的なアドバイスをします。だから、特に声かけは具体的に。

①段落付けてね。
②文体がごちゃごちゃになってるよ。
③書き出しが上手やなあ。ちょっと読んでみて。
④字がきれいだ。読みたくなる。

⑤字が汚い。読みたくなくなる。↓さらりと、笑顔で。
⑥暗号で書くのやめてもらえますか？　↓ユーモア
⑦子ども「先生、ここ、どっちのほうがいいでしょうか？」
教　師「そうやなあ。力強さを取るのならこっち。丁寧な書きぶりを目指すならこっち」
↓アドバイスは堂々と言い切ってあげることが安定、安心を生む。
⑧ここ×して消して、この部分をもう一度書き直しなさい。そして、それを矢印で「ココに入る」ってわかるようにしておきなさい。
↓子どもたちは何も言わなければ書き直すときにすべて消してしまう。思考の過程がわかるものだから、消さずに残しておくことを伝える。
⑨先生が肩に手を置いた人は、きれいに書き直しです。
↓やんちゃ君は慌てて書き直す。
⑩同じこと二回書いているよ。
↓個人的に具体的な指導をする。

3．独り言

子どもたちとの関係を上手につくっていく先生はこれがうまいのです。「独り言」。もちろん、本当に自分にしか聞こえない独り言ではありません。**意識しての独り言**です。意図的に皆に聞こえるようにしての独り言です。

①ほ～う。
②そうか～。
③さすが。
④書き出しに凝っているわけね。
⑤きれいな字で書いているなあ。
⑥○○さんなんて、とりつかれたように書いているもんなあ。
⑦え？もう1ページも書いているやん。
⑧やっぱり○○ちゃんの文体はかっこいい！
⑨さっき勉強したことをさっそく使っている人がいる。
⑩さすが森川学級やなあ。

⑪ナカノ君なんて、もう頑張りすぎて何書いているかわからへんもん。

子どもたち「あかんやん！」

森川「そのツッコミ待ってたんや」

エリート女子「先生、集中できないんですけど……」

森川「すみません」

森川「（小声で）ほれ見てみろ。君のせいで先生が怒られるはめになったやんか。これは罠やな。確実に罠、確実……」（クラス中クスクス……）

エリート女子「先生！」

とまあ、楽しく行うのです。

作文を書いているときは楽しいとき。これが鉄則。ここをベースに、温かく、したたかに子どもたちに「三つの声かけ」をしていきたいものです。

Part 2

〝書ける〟クラスにする指導

10 書きまくる集団の空気をつくる

ある年、五年生を担任したときの授業記録です。

専科の時間を参観していると、担当の先生から授業の感想文の課題。次のページの◯◯まで書くこと、という条件が出された。

S：大丈夫。このクラスだから書ける。

N：（最初うじゃうじゃ言っていたが）「よし、頑張る！」という言葉が出た（※この子は書くことが苦手だった子）。

こちらからNにガッツポーズを送る。今日すでに三つ目の課題。

1：朝から昨日のゲスト授業のお手紙（感想文）
2：国語の時間に「まとめの感想文」
3：専科の時間に「授業の感想」

五分くらいで、六、七行書いている子が続出。Nも書き出しが早くなったので褒めた。机間巡視をして何人も褒めた。

しかしよく書く子たちだ。誰もグチを言わずに。……

書きまくる集団にするためには、教師が**意図的に仕掛けていく**ことが大切です。

先のような「書くこと」に対する子どもたちのつぶやきが出たときには、それを拾わなければなりません。

よい呟きも、残念な呟きも、です。

「ちょっと手を止めなさい。今、Sが〈このクラスだから書ける〉って言ったのを聞いていた人いる？ こういう発言はクラスにやる気と勇気をくれるね。ありがとう」

先ほどの事例だと、このように声をかけるでしょう。

もしマイナスの発言をしたら、

「グチからは何も生まれない。マイナスな気持ちになることも人間だからあるけれど、それをクラスに広げることはよくない。ガンバレ」
と声をかけることができます。

さらに詰めます。作文開始後、**どんどん書き進めていく子の存在をクラスに知らせます。**

それには、付箋を使うのです。

黙って付箋を貼っていく。そして先頭集団に貼り終わった頃に、
「今、付箋を貼っているのはわずか十分足らずで、原稿用紙二枚目に行っている人です。あなたたちはかなりの力を身につけたから自信をもちなさい」

それから低学年には、付箋にオリジナルのニッコリマークを描いておいて、頑張っているな、と思う子に貼っていく。これは「書くこと指導」に限ったことではありませんが、「付箋」はなかなかに重宝します。

最後に、「書きまくる集団」という認識は子どもがもってこそ、だと思います。**「ぼくたちは、めちゃくちゃ書ける」という意識を子どもたちにもたせる**のです。そうなれば、教室は「書いて当たり前」という空間になる。それがさらに書く力を向上させるのです。

11 効果的な「付箋」の使い方

子どもたちに対する評価において、「付箋」は使えます。前項でも紹介しましたが、**付箋をメッセージを書いて渡すという方法以外で使う**のです。

実際のクラスの様子を記述しながら紹介しましょう。

教室では子どもたちがノートに自分の考えを書き始めました。または作文用紙に行事の作文を書いている、という場面を想像してください。

私は黙って、何も言わずに書いている子どもたちの机の右上に付箋を貼っていきます。

「ん？ なんだ？」と子どもたち。

私はそれを感じながらもニコニコしながら机間巡視をし、ポツリ、ポツリと机に付箋を貼っていきます。

「手を止めなさい」

私の合図で子どもたちが鉛筆の手を止めます。全員の手が鉛筆から離れたところで、次のように言います。

「実は先生、みんなの間を回っていて、あることに気付きました。いやあ、大したものだ！　すごい人がいるよ。それで付箋を貼ったというわけ。では、なぜ付箋を貼ったのか……」

子どもたちの中から、予想の呟きなどが出ます。

「今から少しだけ時間を取ります。静かに歩いてまわって、解明してみましょう。わかる人が何人いるかな。どうぞ！」

子どもたちは付箋が貼られている子の机に行って、黙って作文を読み始めます。貼られた本人も他に貼られている子の作品を見に行きます。そして、「何がよいのだろう？」と考えます。**付箋が貼られている子の共通点を探そうと、自然と作品同士を比べたり、自分で予想しながら歩き回ります。**

まさに思考がフル回転する場面であり、学びが主体的になる場面です。

段々と正解のつぶやきも聞こえてきます。

「書き出し…かな」

「書き出しがうまい！」

つぶやく子どもたちに発言させ、教師は板書していきます。ときには、こちらが思ってもいなかったことが出たりします。それも合わせて、板書していきます。

板書し終えると、振り返って私は言います。

「（付箋は）書き出しですね。それでは、残り時間も短いですが続きを書きなさい」

すると、何人かの子どもが言います。

「先生、書き出し変えてもいいですか？」

私はニッコリ。

「もちろんです。そのときはマスが合わないと思うから、無理矢理新しい書き出しをそのスペースに入れてもかまいません」

「字が丁寧な子に付箋」

「書き出しの上手な子に付箋」

「おもしろい表現が入っている子に付箋」

などと、教師側は観点を決めてそれができている子の机に黙って付箋を貼ります。子どもたちにギャラリーウォークをさせれば、必死にその子の何がよいのかを考えます。

まずは黙って貼り→考えさせて→種明かしという流れにするところがポイント。

教師がいきなり良いところをポンと言ってしまうよりも何倍も〝残る〟指導となります。

その後、「変えたい」と言う子、黙って書き直している姿が見られたらしめたもの。そのことをうんと褒めます。

そして書き方もきちんと教えてあげます。全部消す必要はありません。その空いたスペースに新しく思いついたフレーズを入れたらよい、ということです。

「付箋」も使いようで、子どもたちの頭をフル回転させる素敵なアイテムとなり得るのです。

12 メモできる子にする

「メモできる力」はあらゆる学習の基盤となります。

それを指導するとなると、日常的にメモさせる場面をいかにもてるか、にかかってきます。それはどのような場面でしょうか。

入り口は、**漢字指導の場面**です。漢字指導ならほぼ毎日行われているでしょう。そこにメモするという行為を重ねていくのです。漢字ドリルなどを使っている場合、私は「熟語の辞書引き」をセットで行っています。新出漢字一つにつき、一つか二つくらいの割合で、子どもたちが想像しにくいだろうと思われる熟語を引かせるのです。

その際に、その意味や、類義語、対義語などを漢字ドリルに直接書き込ませます。これがメモの指導になります。私は最初のうちしか板書はしません。「メモしたかどうか」を確認したり、「メモした子」を褒めたりしていきます。そうすることで、国語の時間は毎回必ずメモを取るという場面が設定できます。

次にメモさせるのは「言葉」です。新しい言葉が出てきたら、それに反応できる体を育みたいものです。この場合私は必ず板書したり、口頭で押さえたりしますが、その際にノートにメモしたかを問います。

メモは自発的に取るものだとはいえ、最初の段階では教師がいちいち確認してやらなければ無意識にメモを取るまでには至りません。

「ここでメモを取る」「これをメモする」という具体的場面を押さえ、その場で教えていくのです。一学期から二学期の最初くらいまではその繰り返しです。そうして段々と自分で勝手にメモしていく姿が見られるようになってくるのです。

次は**クラスの仲間の名前をメモ**させます。

これは授業の振り返りや「まとめの感想文」を書く際に必要だからです。子どもたちは板書された仲間の意見をノートに書き、そこに、その意見を言った子の名前をメモしていきます。それがあるから、「今日の授業の中で〝ナカジマ君〟が言った意見で私の考えが〇〇に変わりました」と書けるのです。感想文を書く際に誰々の意見、と書けます。

名前がわかれば発言が具体的になります。発言が具体的になれば話し合いの質が向上します。〝印象〟で進みません。

発言者の名前をメモしていく姿を育んでいきましょう。

最後に、すべてのメモは**「自分があとから見たときにわかる」**ことです。そのことは随時話します。さらに付け加えると、メモを取り続ける子にしたいならば、**メモしたことが〝使える〟場面がある**といい。

効果を実感するとき、その行為は継続します。メモした内容を発表させたり、メモした内容を単元の「まとめの感想文」などに入れ込んでいくことを教え、それをした子を褒めるのです。

三学期には当たり前のように仲間の発言をメモし、その発言者の名前をメモし、それをもとに感想文を書いたり、発言したりする姿が見られる……。それが私たちの仕事で得られる大きな大きな子どもたちからのギフトなのです。

13 〝書くシーン〟には国語辞典

作文を書かせるとき、ノートに感想文などを書かせるとき……。まとまった文章を書かせるときは、必ず手の届くところに国語辞典を置いておくように指導しています。

理由はもちろん、わからない字を調べさせるためです。

「調べながら書く状態」をスタンダードにする。

そのために、四月からの国語の授業での辞書引きが布石となっています。辞書引きをさせるのは、言葉の意味を調べさせることだけが目的ではありません。

私の授業では、ほぼ毎日国語辞典で辞書引きをさせています。前項でも書きましたが、引かせる言葉は漢字ドリルの中に出てくる熟語から選びます。新出漢字を学習させていて、例として出ている熟語。その中で子どもたちにはわからないな、と感じる言葉を辞書引きさせるのです。

毎日のように辞書引きをさせていることが、いざというとき、つまりわからない字が出てきたときや曖昧な言葉の意味を確かめるときに自然と辞書を引く態度を育てます。

先日、こんなことがありました。

学年全体で一つの会場に集まって作文を書かせたのですが、そのときに私は「国語辞典を持って行くこと」を言うのを忘れていました。すると作文を書き始めてすぐ、「先生、国語辞典取りに行っていいですか」との質問が出たのです。

「辞典を取りに行く人は、今から行ってきていいです」と促すと、作文会場は一階にもかかわらず、三階の教室に辞書を取りに行く子の姿が何人もありました。面倒臭がらずにです。

国語辞典が子どもたちの生活の一部になっていることは、作文指導における大きなアドバンテージとなります。

14 低学年は「書き言葉」蓄積期間

低学年における書く指導のポイントは、第一に「文字」です。「文字」をしっかりと学習させます。

その後に「言葉」「文」と続きます。その過程一つひとつを「全員参加」「全員達成（書けた）」で進めていきたいものです。本項は文字の習得を終えた後の指導の展開です。

低学年の「書くこと」スタートは「書ける身体（からだ）」を育むために〝ため込む〟蓄積期間から始まります。

それが、**「書かせない指導」**。その後に大量に「書かせる」ために「書かせない」指導期間が大切なのです。具体的には、**書かせずに声に出して言わせます。**

実際の授業の様子を見ていきましょう。

【「書き言葉の音読」で蓄積させる授業】

子どもたちにカードを見せる。カードは英語学習で使うようなフラッシュカードが適している。

「犬」のカードを子どもたちに提示し、「書き言葉」として考えさせる。最初は教師が言ってやればよい。

「犬がいます」

子どもたちに同じように復唱させる。次々と「ネコ」「ライオン」と見せ、同じパターンで文章を考えさせ、言わせる。

次に「建物」や「乗り物」のカードに移行する。「電車がいます」は変なので子どもたちは考える。「電車が走っています」となる。「バスに乗ります」「スカイツリーが立っています」など、様々なバリエーションで表現していく活動となる。

カードを「犬」に戻して、次のステージへ。

「犬」を見せて子どもたちが「犬がいます」と言った後、さらに言葉をかける。

「文章を詳しくしなさい」

「白い犬がいます」「大きそうな犬がいます」「柴犬がいます」となる。

たたみかけて問う。

「さらに続きを考えて言えますか?」

「白い犬がいます。私は犬が好きです」「白い犬がいます。私も犬を飼っています」……。

このように**カードや写真などを提示し、瞬間的に「書き言葉（文章）」を作っていく活動で意識的に書き慣れさせる**のです。

ここでは何も書かせません。

書かせてしまうと、莫大な時間がかかり、書き言葉（文章）を大量に意識させることができません。**「言わせる」からこそ、大量の文章と出会わせることができる**のです。

目的は、あくまでも「書き言葉」を話しながら身体の中にどんどんため込んでいくことです。加えてこの活動は、「楽しく」「リズミカルに」ポンポンと行っていくことが大切。

二年生でも、少し長めの文章を言わせたり、時間を区切って書き言葉を言わせたりと「書くこと指導」初期の頃には重宝します。

15 子どもも自ら書くようにするために、脱「ザ・行事作文」！

1.「行事作文」でよくある風景

運動会が終わりました。音楽会が終わりました。代休が明けて国語の時間。ここからが、「ザ・行事作文」の時間の幕開け。

教　師：さあ、運動会が終わりました。みんな、リレーよく頑張った。三レースで一位、一位、二位なんて、最高の結果だったね。

子ども：いえ〜い！

教　師：さて、と……。

子ども：（心の声）ん？　まさか…。先生の机の上に載っているあの紙袋の中には……。
教　師：（歩いて机に近づく。そして紙袋に手を入れる。スッ。出てきたのは原稿用紙！）
子ども：（心の声）やっぱり！　原稿用紙！　ということは……。
教　師：（ニッコニコ）さあ、作文を書きましょう！（と言って用紙を配るだけ…）
子どもたち：え〜！　先生何枚書いたらいいんですか〜？
教　師：（ショック…）

……このような場面が展開されていないでしょうか。変えていかなければいけませんね。

この「ザ・行事作文」とも言える光景から脱しましょう。

まずは「書かされている」という状況を変えたい。「何枚書いたらいいですか」の発想は、「先生が言うから仕方なく書いている」という状態です。

子どもたちの発想を変えるには、教師の発想を変える必要があります。日常から。

原稿用紙を配り、「書きなさい」ではあまりに能がありません。

そこで本項では「行事作文」にスポットを当て直し、子どもたちにとってマンネリにならない行事作文とはどのようなものになるかを考えます。

子どもたちが考えて書くために。子どもたちが書きたいと思って書くために。

行事作文が、子どもたちにとって「作業」になってしまってはいないか。今一度「行事作文」と向き合い、子どもたちと一緒にその時間をドラマチックに展開しましょう。

2.「作文とは」から始める

「作文」というものを根底から子どもたちにもう一度投げかけてみます。

まず、「作文」が終了するのはいつでしょう?と問います。

子どもたちは最後の行を書き終わったとき、最後の丸を書いたとき、と話すでしょう。

そこで、「実は**作文が終了するのは読者が読んだ瞬間**なのです」と話します（P.35参照）。

作文とは「読者」がいてはじめて成り立つもの。

そこで、**自分の感じたことを精一杯〝読み手〟に伝わるように書くことが大切**、という前提、書き始める前の〝構え〟をつくる。ここからきちんと積み上げていくのです。

3.「段落」指導

書くときの構えを大事にすれば、「段落」指導も変わってきます。段落は読み手が読みやすくなるように付けるのです。

低学年なら「段落」を付けていない場合、「真四角の文章になっているよ」と声をかけることができます。その上で、「作文は真四角ではなく、デコボコになるものです」と話す。このようにイメージしやすくし、板書して視覚化していくのです。（P.169参照）

そうはいっても「段落」はそれほど単純なものではありませんね。高学年にはさらに突っ込んだ話をします。基本的には段落は、読者に「ここから話が変わりますよ」と伝えるためのものですが、一方で段落は書き手のクセやリズムが如実に反映されるところでもあります。それがその人なりの作品となる。文章の「個性」です。このことについては、P.37で述べました。

高学年になると、子どもたちの中には「好きな作家」をもつ子も出てきているはず。そういう子に話を振ればそこで共感を生み、クラスにも広がりやすい。

このように、**「段落」についてきちんと意味まで指導します。**

4.「内容」を焦点化させる

次に「内容」です。「書きなさい」では、子どもたちはただただ時系列に書くだけです。もちろんそれが大切な低学年のうちはそれでもかまいません。しかし、いつまでもそれではおもしろくありません。体育大会や音楽会などをテーマに子どもたちに書かせようとすると、必ず次のような声が聞こえてきます。

「先生、五年生はプログラム何番やった？」

それは当然のことなのです。**何も指導をしなければ子どもたちは時系列にこだわる**のです。それを見越して手を打ちます。「ポイントとなるルール」を設け、内容を焦点化させるのです。いくつかの仕掛けを以下に挙げてみます。

① 書く事柄は二つまで

例えば「運動会」がテーマなら、出場した種目やお弁当など自分の経験をすべて盛り込もうとする子が多い。そこで、「種目一つ」と「種目以外一つ」と規定して書かせます。

② 最初に書く出来事をクラスで統一する

同じく運動会の場合。最初に書き出す出来事をクラスで統一します。「リレーのことから必ず書き出すこと」という具合です。それ以降は好きに書いてもよいでしょう。注目させたいポイントがある場合に行います。

③ 文体を統一させる

「今回は文体を常体に統一して書きます。それは〈～だ〉〈～であった〉というふうに書くことで、力強く自己を見つめる感じになるからね」と説明します。

④「書き出し」を統一させる

「入場門のところで私は次のようなことを考えていた」で書き始めなさい、のように「書き出し」を教師側で設定してしまいます。書き出しの設定によりその後の展開に子どもによっての違いが出ておもしろいものとなります。

⑤ コメントを入れ込んで書かせる

保護者の方にコメントをもらってそれを入れ込んで書かせます。ただコメントをもらえない子が出てくることが予想される場合は行いません。確認した上で「家で音楽会のコメントをもらってそれを作文の中に入れなさい」とします。さらに〝もらい方〟を詰めます。「もらったコメントは必ず国語ノートにメモしてきなさい。覚えてきました～はダメ。メモも見せてもらいます」。**コメントを挿入させることで、より文章が客観的なものになります。**どこに「引用」したらいいかなど、前後の文脈にも視野が広がるからです。この「コメント挿入型」は、保護者ができなければ友達でも教師でもよいでしょう。もちろん実際に書かせるときは「引用」の仕方を教えます。

⑥「共通キーワード」を入れ込ませる

運動会の作文で、「太陽」を入れさせます。音楽会の作文で、「スポットライト」を入れさせます。図工展の作文で、「頭の中」を入れさせます。そのときに子どもたちが経験するであろう、考えるであろうシチュエーションを考え、そこで**出てきたら描写が深くなりそうな言葉を「キーワード」として設定し、必ず入れさせる**のです。

運動会のときに子どもたちの頭上で照り付ける「太陽」。

音楽会のときに子どもたちを照らし出す「スポットライト」。

図工展の作品をコツコツと作ってきた日々、そのときはどのような「頭の中」だったのか……。「キーワード」を考えるのもまた、楽しいものです。

⑦「NGワード」を設定する

⑥と逆。入れてはいけない言葉を「NGワード」として設定します。NGワードの設定は比較的簡単です。子どもたちが大抵の作文で必ず用いる言葉、それが**「かった言葉」**です。それをNGにします。「楽しかった」「おもしろかった」「くやしかった」「しんどかった」…挙げればきりがありません。この仕掛けは「描写」を覚えさせるためです。「おも

しろかった」の一言で片付けるのはもったいないので、**それに至るまでの経緯と、その最中、その後の様子を書いていかせましょう。**それが「描写」となります。（P.82参照）

5．思考する行事作文

仕掛けは挙げればいくらでもあります。要は、不用意にただ「書きなさい」としないこと。様々なアプローチで書かせれば、最初の読み手である教師も読んでいて楽しいし、評価もしやすい。子どもたちが読む場合も「目の付け所」が明確になります。

その後、子どもたちが真っ白の原稿用紙を前にしたとき、自分でいろいろと〝考えながら〟書いていけるようになればよいのです。まずは**将来的に「考える」ことができるように、その材料となる選択肢を今、与えてあげる**ことです。

観点を明確にし、焦点化した取り組みとすることで「行事作文」に対する取り組みを変えましょう。

〝書かされる〟行事作文ではなく、〝自ら思考する〟行事作文を。

16 「共通日記」で書き慣れさせる

書き言葉の蓄積期間を経たら、次は「共通日記」で書き慣れさせていきます。全員で同じことを書く日記です。まず、「日々の出来事や日々思ったことを書くことを〈日記〉という」ということを子どもたちに伝えます。

次に、実際に教師が子どもたちに問いかけながら「クラスの共通日記」を作っていきます。

一行ずつ黒板に書き、音読させた後、ノートに写させます。

黒板に書く文字数は、子どもたちの使っているノートのマス目に合わせます。

例えば、次のようなやり取りが行われます。

【「共通日記」実際の授業場面】

教　師：今日の「みんなの日記」（共通日記のことである）を書きましょう。今日の一時間目は何を作りましたか？

子ども：粘土で動物を作りました。

教　師：そうだね。では、それを思い出として残しましょう。どう書けばいいかなぁ。

子ども：一時間目は……。

教　師：よし、「書き出し」はそれで行こう。

（「一じかん目は」と板書）

教　師：みんなで読みます。さん、はい。

子ども：一時間目は！

教　師：ノートに書きなさい。

子ども：（ノートに書く）

教　師：お隣の人と確認しなさい。書けていますか？

（最初は一つずつ確認しながら進めていく）

教　師：次はどうしますか？

子ども：粘土で動物を作りました！
教　師：タナカ君は何を作ったの？
子ども：ゾウです。
教　師：ヤマダさんは？
子ども：トラです。
教　師：サイトウ君は？
子ども：チーターです。
教　師：よし、じゃあ次の文章はどう書けばいいかな？
子ども：粘土で動物を作りました。
教　師：ヤマダさんなら「動物」のところを？
ヤマダさん：トラ！
教　師：だね。では、トラにして言ってごらん。粘土で？
ヤマダさん：粘土でトラを作りました。
教　師：そう。ヤマダさんは「粘土でトラを作りました」と書きなさい。タナカ君はどう書けばいいかわかる人？

（子どもたちに聞きながら文を確定していく）

教　師：では読んでみます。さん、はい。

（例文として板書したものを読ませる）

タナカ君：（つぶやき）でも、鼻がポキッって折れてん！

教　師：あ、それ、おもしろいなあ。

（「ゾウのはなが、ポキッって おれました」と板書）

これはとっても良い文章になります。なぜだかわかりますか？

それは、ゾウの鼻が折れちゃったことはタナカ君しか知らないことだからです。

「自分だけが知っていること、わかること」を書くと文章がとってもおもしろくなるよ。

このように子どもたちと対話しながら一つずつ黒板に板書し、全員同じ構成の「共通日記」を書かせていきます。自由に書かせるのは「共通日記」に慣れてから。流れをまとめると、次のようになります。

先生が「書き言葉」で板書し→児童が声に出して読み→ノートに書く。

先生の「書き言葉」の板書を声に出して復唱し、その後に書いていくことで「書き言葉回路」が身体《からだ》の中にできあがります。

進める中で、**その子だけの「つぶやき」は拾いたい**ものです。そして、そういう自分だけの体験を書いていくことがおもしろい文章になる、ということを繰り返し伝えていきます。

書けたら列で起立させて自分の文章を音読させます。おかしなところがあったらその都度、その場で教師が訂正したり、子どもに訂正させたりしましょう。

一年生は、最初は一行、二行といった分量から始めて、とにかくたくさん書かせる場面を設けます。

慣れてくれば内容を膨らませるために次のような観点を入れていきます。

①出来事、したこと
②友達のこと
③自分の考えやセリフ

基本的に一義一行で分量を増やしていきます。二年生では、共通部分が段々と減っていくイメージです。**「型はあるが、その中のフリーな部分が増えていく」というように仕組む**のです。

例えば、遠足で動物園には全員行ったが、体験したことを共通に書くのではなく、「私はパンダさんを書く」「ぼくはワニさんを書く」「お弁当のときのことを書きたい」「班で遊んだことを書きたい」など。これらをそれぞれ出させて選択させれば各々違った文章となります。こうして、より自由度の高い文章へと飛躍させていきます。

その後

「共通日記」を経て、クラスに「書ける！」という安定感が生まれてきたら、少しずつ独自の書きぶり、書く内容に移行させ始めます。

「書き慣れ期間」への移行です。

楽しく書けるような題材、ワークシートなどを提示し、スキマ時間なども活用し、たくさん書く機会を設けます。そうしていよいよ様々な「書くことワールド」へと突入させていくのです。

17 モジモジ（文字文字）星人登場!?

教卓のあたりで、何やら先生が一点を見つめて立っています。

「私はモジモジ星人です」

子どもたち、何が起こったのかと唖然《あぜん》（あ、ここで注意。できればこれは、中学年以下の子を担任したときに行ったほうがいいです）。

「モジモジ星人、この頃困っているんです。実は体が痛くて……」

モジモジ星人、教室を見回します。そして、

「これを見てください」

と言って、あるノートをみんなに見せました。

そのノートは……文字がマス目からはみ出しています。

そうです。遅くなりましたが（笑）、今回のケースは「文字が大きくなりすぎる子」の指導ケースです。文字がマス目からはみ出してしまう子っていますよね？　そういうときの一つの方法です。

目くじら立てても意味がありません。

「字が大きすぎる人がいます。マスに触らないように書きなさい」と言って改善されるようなら苦労はありません。

そこでモジモジ（文字文字）星人の登場です。エピソード記憶として残させるのです。特に低学年の子たちには**「イメージ化」して伝えてあげることが有効**です。

いつもいつも、こういうことをするのではありません。しかし、このように考えると単調に見える作文指導も俄然おもしろ味が増します。

なんでも楽しくやっていくのです。

ユーモアに変えていくのです。

私は**困った事例は、「いかにおもしろく、でもインパクト強く伝えていけるか」**をいつも考えています。

18 高学年でも絵日記指導

「絵日記」は小さい子の書くもの、と決めつけてはいませんか。

次頁の「絵日記」は、六年生の社会科見学後に書かせたものです。

「書き出し」や「書き終わり」「文の構成」など様々な書くことの学習を進めてきた五年生や六年生などの高学年にも「絵日記」を書かせてみましょう。

加えて絵心も上がってきているはず（笑）。絵を見るのも楽しいものです。

また絵を描く分、文章量にも制限が加えられて引き締まった文章になるという面もあります。

展示も華やかで楽しいですよ。

黄金《きん》色日記

私はこの絶景に目をうばわれた。水面に映るその美しい黄金《きん》色の建物はまるで空にういているかのようだった。たくさんの人をかきわけながら、その姿を見るなり、うっとりしてしまった。少し上から見た金閣も、美しかった。夕やけ色にそまった木々と、金閣の相性の良さ！もっともっと長く見たいと心の中で思った。

私は以前金閣に行ったことがあった。その時は、まだ小さいころだったので、「わあ！金色《きん》！きれい！」で終わっていたのだろう。でも、今の金閣を見た時の感情は変わっていた。金閣寺を造った足利義満の事、そして、金閣についてももっと知りたくなった。
帰ると中、もう見えなくなった金閣寺にふり返って、ほほえんでしまった。

室町日記

「和風だな。」この言葉を言った時、私は銀閣寺の前にいた。ほのかに香る和風のにおい。私はこのにおいにすっかりほれていた。金閣寺とはまたちがい清らかな美しい光をはなっていた。「金」この言葉をいった時、私はどこの前に立っていただろうか。そう、金閣寺。やはり、こ

京都日記

「うわ、近っ！」

銀閣寺はとても近くにありました。少し地味だけどおちついた雰囲気のお寺で見ていると、和やかになりました。そんな銀閣寺に対して金閣寺はパーッと明るく、きらきらしていました。金閣寺は近くにはなく、鏡湖池という池に建っています。

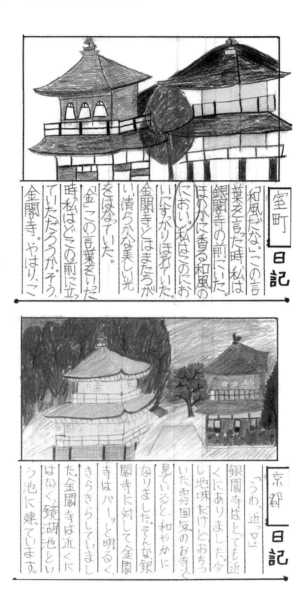

19 〝NGワード〟の授業で「描写」を教える

子どもたちの作文に出てくる最も多い言葉は何でしょうか。

「今日は～」でしょうか。「○月○日～」でしょうか。

これらも多いですが、同じように多いのが**「かった言葉」**です。「楽しかった」「嬉しかった」「おもしろかった」「美味しかった」「悲しかった」「苦しかった」……。まだまだあります。これらの「かった言葉」を私は子どもたちに「NGワード」と呼んで意識させます。例えば、次の日記があります。

今日、トウモロコシと小つぶのブドウを食べました。トウモロコシも大大大好きなので

すが、ブドウが美味しかったです。

この日記の中の「美味しかったです」の部分を「NGワード」として書き直させます。「美味しかった」までを書くんだ、と言います。次は、書き直した作品です。

あ、今年初の小つぶブドウや。そう思って食卓に着きます。そして指で皮をつまむとするりと中からブドウが姿を現します。そして口に入り舌の上をコロコロと転がり、かんだしゅん間！　はじけるジューシーさ！　次々と口に入れていくうちに、口の中ではじける甘く冷たい水。私は幸せをかみしめました。そしてふと気付くと、左手にあったはずの大量の小つぶブドウは軸だけになっていました。

変わりましたよね。おもしろくなりました。個性が出ました。

あなただけの体験を、「美味しかった」の一言で表してしまうのは、なんとももったいない。**〝そのとき〟を経験した者しかわからないまわりの様子で書いていく。それが「描写」**だ、と指導します。

書き直す前には、次のような指導を入れます。

まず、駅などでもらえるローカル誌を子どもたちに配ります。正確には、ローカル誌の中の「オシャレなカフェ紹介」や「花見スポット」などのルポライターの書いた記事を配るのです。もちろん、本からでもかまいません。

それをクラス全員で読み、気付いたことを挙げさせます。

そうすると、そういった紹介記事には「美味しかった」や「美しかった」「楽しかった」という言葉はあまり出てこないものだ、ということがわかります。

では、何が書かれているのでしょうか。

それが「描写」です。

そのオシャレなカフェまでの道の様子、佇まい、店内の雰囲気、ケーキを口に入れたときの感触……などが書かれているのです。

気持ちを「おもしろかった」などと直接的に書くのではなく、**その周辺のことを様々に描写していくことが気持ちを伝える何よりの方法**。そのことを何度も日記や短作文を課す中で確認し、書かせ、交流していくのです。

個性豊かな文章を書くために日々意識して指導すべきことです。

Part 3

子どもが思考する“書く授業”のつくり方

20 「書くこと」を授業のベースに

テストなどの記述問題を採点していると、どうしてそのように言い換えて書くのかな、とか微妙に言い回しがおかしいなあとか感じることがあります。

その理由は、ずばり〝**書かせていないから**〟です。

書かせてみると、論理的思考力がついているか否かが露呈します。

一年間の授業を「発表」ベースで進めていると、その際にきちんと順序立てて話すことを指導しない場合、極端な話「相づち」的な活動でも授業は流れていきます。

そして、いざ書く場面に遭遇すると「順序立てて書けない」「整理して書けない」「因果関係が書けない」……という事態に陥るのです。

では、どうすればよいのでしょうか。

それは……。**授業の柱を「書くこと」にする**のです。

その場その場の突発的な発言で、なんとなく授業が流れていくのは避けたいものです。対応力の高い一部の発言で進んでいく授業も全員の子に学びを残すことはできません。

「発言」を支える「書くこと」をきちんと指導するのです。

授業ではどんどん発表させているけれども、発言はその子が「ノートに書いたもの」がベースになっている、そのような状態です。

「書くこと」は論理的思考の具現化に他ならないのです。

本章では、授業における書くことの指導について、私が実践してきたこと紹介していきます。

21 考えて書かせるために意識すべき三つのこと

私は国語の授業の柱を「書く」にしています。「書くこと」は、考えること。思考が深まります。その際に意識したいことが、次の三点です。

読むために書かせる際の三原則

①「書くこと」が教科の本質の学びにつながり、
②「書くこと」を通して自己の成長を実感させ、
③「書くこと」で他者（教室内の仲間）と関わり合う場面を生む

①についてですが、楽しそうだから、で書かせているとそこに学びは生まれません。例えば、「情景描写」について学ばせたいから、続き話を書かせて「情景描写」を意識して書いているかを見るというなら、書かせる価値はあります。

②は、書いた後に「ああ、書く力がついた～」という満足感があるかです。心地よい疲れがあるかどうか。記述が増えたという漠然とした感覚からスタートし、その後は具体的に書けた、といった質の高まりを実感できるようでありたいのです。

③は、ノートにクラスの友達の意見が書かれます。自分が誰の意見によって変わったかが書かれます。誰の話し方がよかったかが書かれます。口火を切ってくれた子のことが書かれます。このように、仲間を意識した書きぶりを教師が求めます。そうすれば子どもたちが書く行為は、自己との対話にとどまりません。他者を意識したものとなります。**クラスの仲間とのセッションによって書きぶりが変わってきます。それはつまり「対話的な学び」であり、そこから新しい考えが浮かぶならそれは「深い学び」へとつながる**のです。

読むために書く活動をうまく機能させることは、書く力がつくことだけではなく、内容理解が深まったり、仲間同士の関わり合いが深まったりする大きな効果が見込めるのです。

やはり「書くこと」は学びの中心にある、そう実感しています。

22 〝書くことサンドイッチ〟で「読む」授業をつくる（物語文編）

本項は、森川学級における国語の授業で柱にしている「書くこと」の話です。

主に物語文や説明文などの読み物単元の際には、〝書くことサンドイッチ〟で単元を構成します。

授業に入る前に**「出会いの感想文」**を書かせ、単元の終了時には**「まとめの感想文」**を書かせます。この「出会い」と「まとめ」で単元をサンドイッチしているのです。

1．出会いの感想文

次頁の図は単元の大まかな流れの図です。

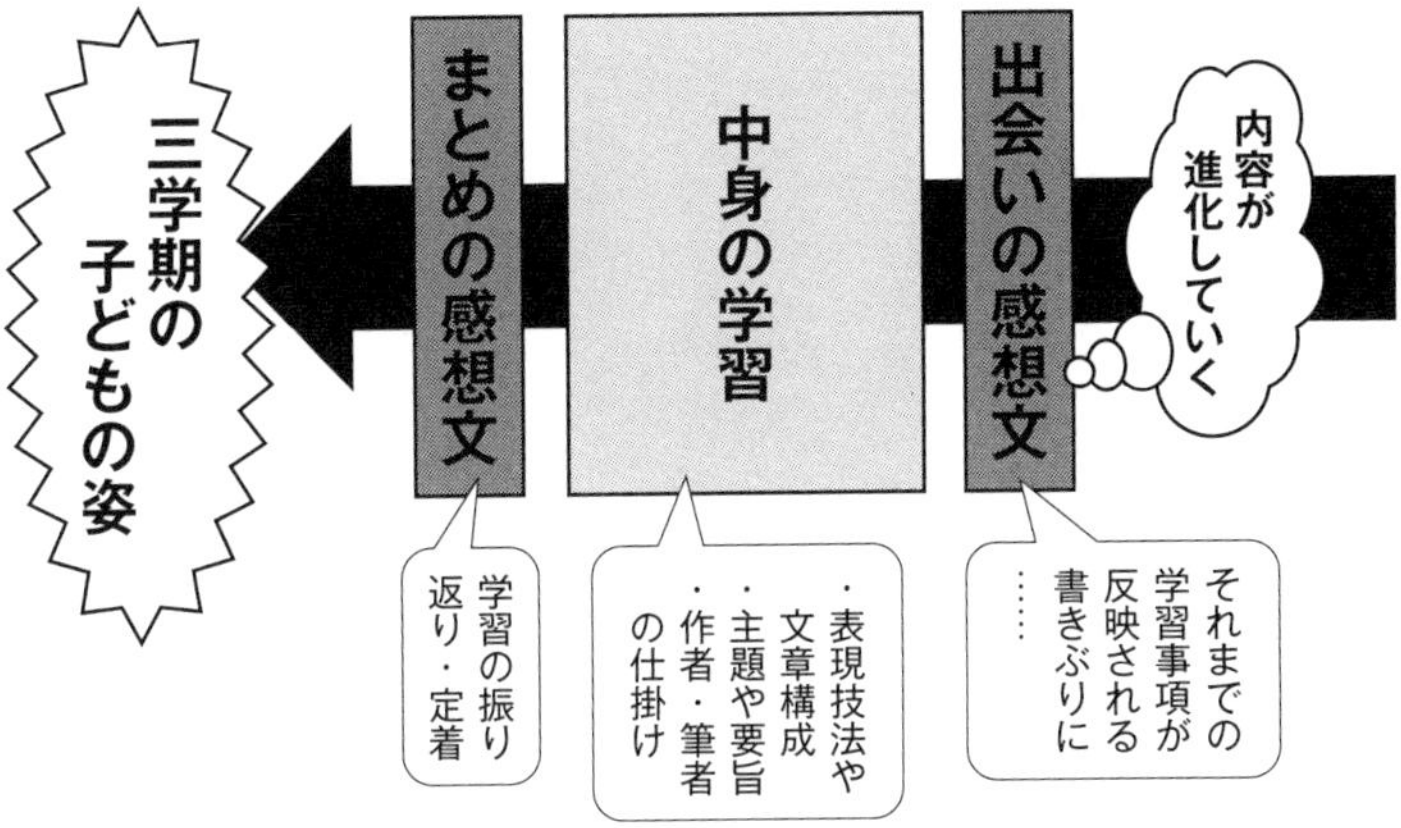

まず「出会い」は授業に入る前、テキストをひと通り読んだ後（教師が範読した後）に書かせます。子どもたちは初読後の率直な感想を書くことになります。また、それまでに学習してきた既習事項を生かして書くことになります。

精一杯自分の今もてる力を使って、人と出会うように、丁寧に真摯に作品と対峙させ、対話させるイメージです。子どもたちには次頁のひな形を提示して書かせます。

最初はこの中の①は必須、②～⑤の中から一つか二つを入れる、というふうに書かせます。いきなり読み取ったことを詳細に書いていきなさい、と言っても子どもたちは動けません。

学びが進めば、④のところに既習事項を活用した読み取りを入れさせます。

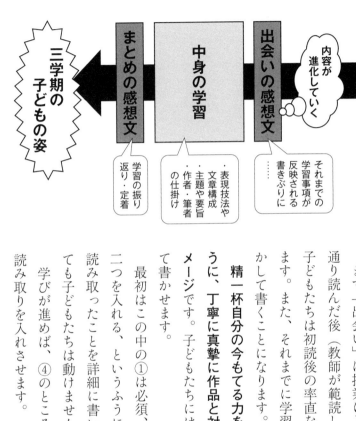

例えば、一つ前の物語文の単元で「比喩」を学習した場合、次の物語文で同じく「比喩」を見つけてそのことを「出会い」に書く、という具合です。

高学年になってくると**「表記面」「内容面」「自分の考え」が常にバランスよく入っているか**、ということを問い続けます。

「表記面」は、文章中の表現技法（物語文）や文章構成（説明文）について。「内容面」は、話の進行、登場人物の心情、主題などについて（物語文）。そして受け取った新事実や論の立て方、筆者の主張などについて（説明文）。「自分の考え」は、常に読み手である自分がどう思ったのかを客観視できる状態にして授業に臨ませるためです。

物語文の「出会いの感想文」書き方

①『（タイトルが入る）』は作者である（作者名）氏によって書かれた（全体の印象が入る）物語文である→（　）内に入れさせます。
②気に入ったところは……。
③疑問・わかりにくいところは……。

④（既習事項や自分で入れたいこと・入れられること）
⑤（今後の意気込み）これから授業でしっかりと学んでいきたい。など

次頁の作品は担任した三年生の子の『きつつきの商売』（光村図書三年上）学習時の「出会いの感想文」です。子どもたちにとっては初めて書く出会いの感想文です。

この子は先のひな形の中の①、②、④を入れて書いています。ここにさらに⑤が入ればカチッとしたまとまりが出るのですが、あくまでも大切なのは中身でその子が何を考えたのかです。

『きつつきの商売』は、きつつきが森の動物たちに音を聞かせる「音や」のお話です。この子は「もし音やのメニューを増やすとしたら」という発想を出会いの感想文に書いています。また、最後には、作者である林原玉枝さんに「NO．2」（続編）を書いてほしい、ということも述べています。

この**書きぶりが、教師が授業を進めていく上で大きなヒント**となります。

この物語のラストは唐突にやってきます。まだもっと他の「音」を聞いてみたい、でも本文にはない、というような終わり方なのです。私が一番最初に範読したとき、文章が終

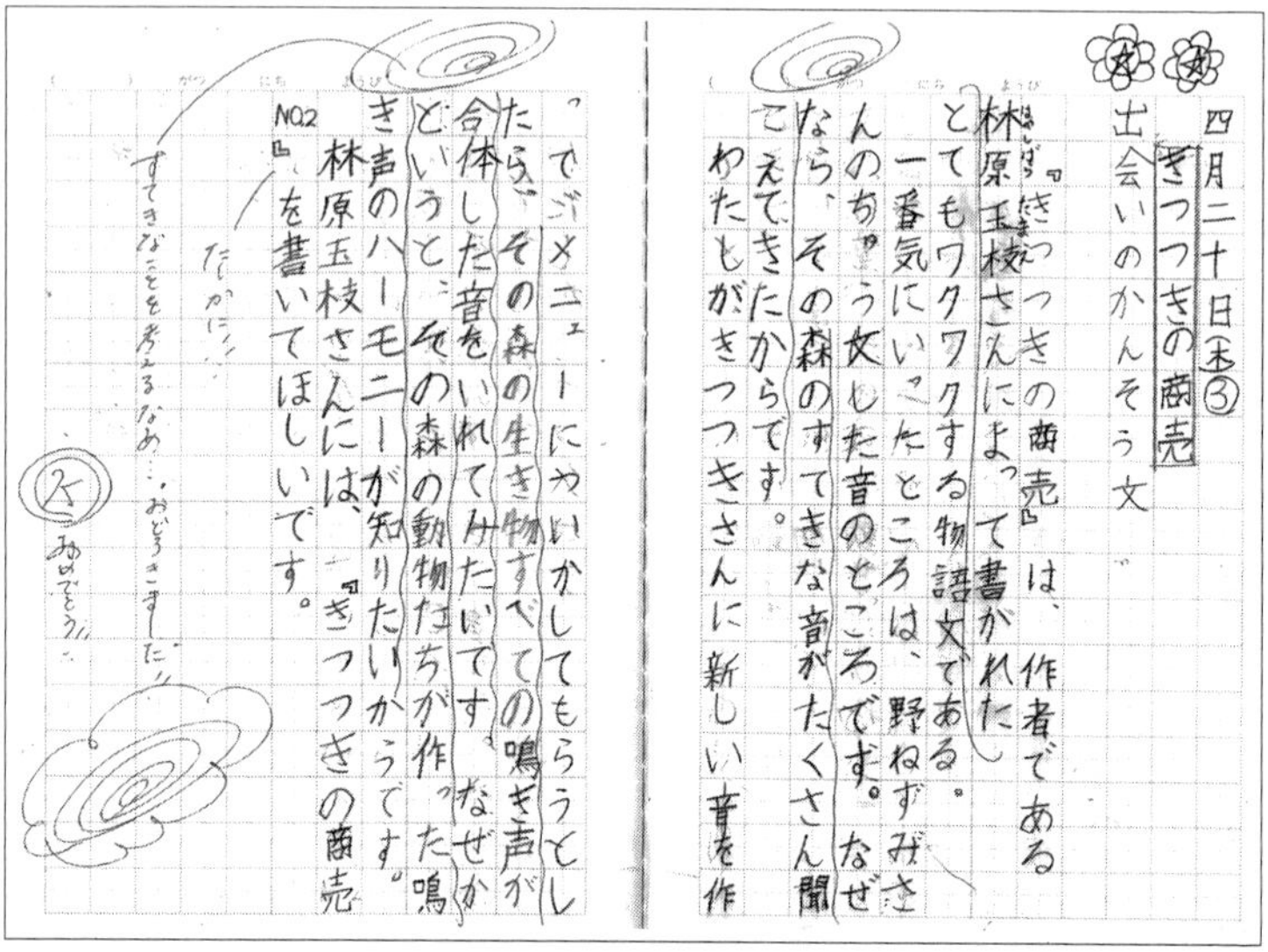
四月二十日(木)③
『きつつきの商売』
出会いのかんそう文
『きつつきの商売』は、作者である
林原玉枝《はやしばらたまえ》さんによって書かれた
とてもワクワクする物語文である。
一番気にいったところは、野ねずみさ
んのちゅう文した音のところです。なぜ
なら、その森のすてきな音がたくさん聞
こえてきたからです。
わたしもきつつきさんに新しい音を作
ってでメニューにないかしてもらうとし
たら、その森の生き物すべての鳴き声が
合体した音をいれてみたいです。なぜか
というと、その森の動物たちが作った鳴
き声のハーモニーが知りたいからです。
NO2『林原玉枝さんには、『きつつきの商売
』を書いてほしいです。

わった後に子どもたちから「え〜?」というような声が漏れました。「まだ続きが読みた〜い」といった反応でした。このことが、子どもたちの「出会いの感想文」に表れました。この子を含め複数の子が「続きが読みたい」「続きがありそう」という見解を書いたのです。

　教師側はこのような見解を「出会いの感想文」からうかがい知ることができます。そして**子どもたちの思考の動向を知り、それを授業に生かすことができる**のです。

　実際、このときの単元では私は、この子どもたちの反応を鑑みて、「続き話を書かせる」ということを単元末の活動に持ってきました。そして続き話を書かせるならば、教えるのは「作品世界」という概念になる……そのように単元企画を立てていくのです。

「出会いの感想文」は授業進行の上での羅針盤ともなるのです。

この例は初めて書く「出会い」でしたが、単元が進むにつれて学習事項が増えてきます。そうなれば既習事項を用いて新たな教材に相対してみる。それが先述した④のところに既習事項を活用した読み取りを入れさせる、ということです。「情景描写」を習ったのなら次の教材の中でそれを探し、「出会い」に書く。

子どもたち側にとっては、**「出会い」を書くことで、授業を〝自分事〟として主体的に受けるようになります。**「出会い」で書いた自分の疑問への意識や、出会いから選ばれた仲間の意見が授業の場に出てくるからです。

最後に、このような「出会い」を活用した授業を組むには、**教師は「出会い」を読むとき、横にノートを置き、「表現技法」や「主題」「疑問」などとカテゴライズしながら子どもたちの意見をどんどん書き込んでいく行為が必要**となります。それを自分の考えていた授業プランに沿わせながら授業を展開していくのです。

時間はかかりますが、確実に授業の手応えを得る方法だと実感しています。

2．まとめの感想文

次に「まとめ」。単元の最後に授業全体を振り返る形で書かせます。書かれるのは学習した「表記面」、学習した「内容面」「自分の言えなかった意見」「影響を受けた仲間の考え」「出会いとの比較」「過去の作品との比較」「自分の成長」「仲間の成長」などです。以下にひな形をまとめてみます。

物語文の「まとめの感想文」の書き方

①『（タイトルが入る）』は作者である「（作者名）」氏によって書かれた「（全体の印象が入る）」物語文である→（　）内に入れさせます。
②授業で勉強したこと（ノートを見ながら書いていく）。
③授業前と授業後で変わったことがあれば書く。
④言えなかった意見があれば書く。
⑤心に残った友達の意見や考え方。
⑥（今後の意気込み）頑張っていきたい。など。
☆授業では扱わなかった（発表しなかった）オリジナル意見

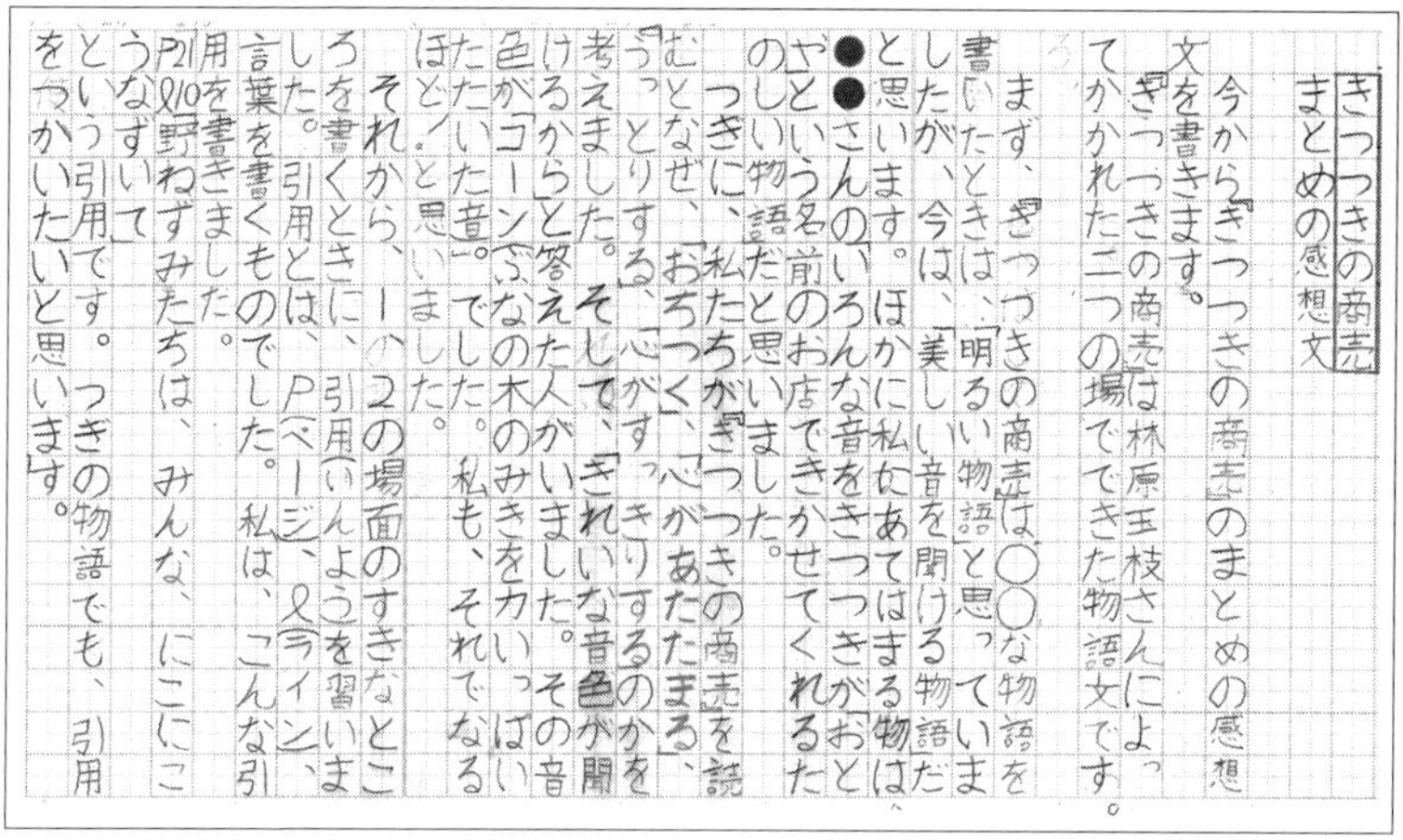
きつつきの商売
まとめの感想文
今から「きつつきの商売」のまとめの感想文を書きます。「きつつきの商売」は林原玉枝さんによってかかれた二つの場面でできた物語文です。
まず、「きつつきの商売」は〇〇な物語を書いたときは、「明るい物語」と思っていましたが、今は、「美しい音を聞ける物語」だと思います。ほかに私にあてはまる物語は、[redacted]さんの「いろんな音をきつつきが「おとや」という名前のお店できかせてくれるたのしい物語」だと思いました。
つぎに、私たちが「きつつきの商売」を読むとなぜ、「おちつく」、「心があたたまる」、「うっとりする」、「心がすっきりするのか」を考えました。そして、「きれいな音色が聞けるから」と答えた人がいました。その音色が「コーン」ぶなの木のみきを力いっぱいたたいた音」でした。私も、それでなるほど！と思いました。
それから、1の2の場面のすきなところを書くときに、引用（いんよう）を習いました。引用とは、P（ページ）、ℓ（ライン）、言葉を書くものでした。私は、こんな引用を書きました。P21 ℓ10「野ねずみたちは、みんな、にこにこうなずいて」という引用です。つぎの物語でも、引用をつかいたいと思います。

子どもたちは最後に「まとめ」を書く、と知っているので授業はそのことを意識しながら受けることになります。

板書をしっかりと写し、板書に気付きや思いを書き込みます。よって自ずとメモを取る行為が生まれます。

また、「仲間の意見」「自分の思いつき」「板書されなかったが大事だと思ったこと」をノートに自ら書き込む。

これらはすべて、最後に書く「まとめ」で使うことになるからです。教師はそれも常に評価し、全体に返す。

「まとめ」を書く、ということを単元末に入れることが、それまでの授業への子どもたちの姿勢をも変えるのです。これを一年

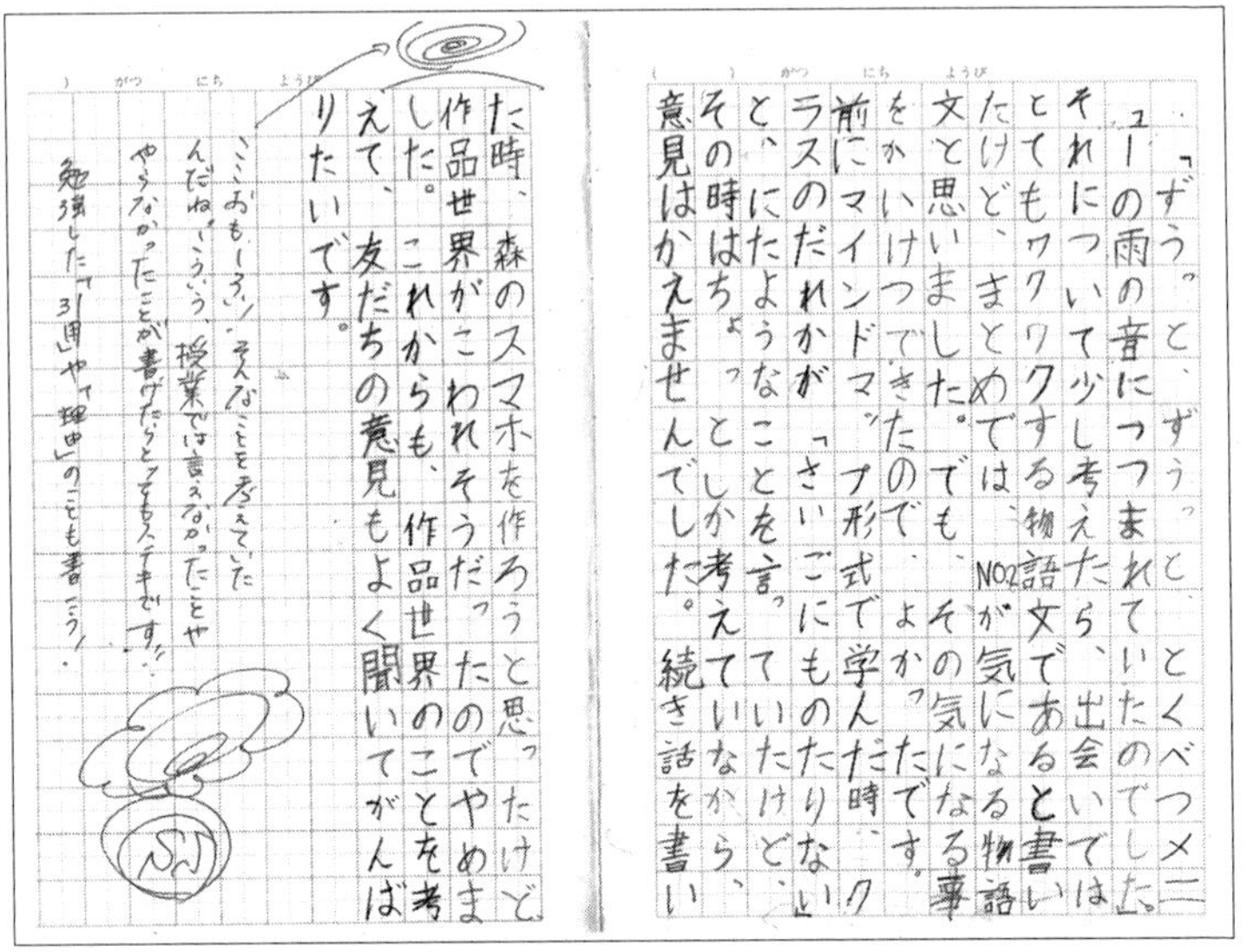
「ずうっと、ずうっと、とくべつメニューの雨の音につつまれていたのでした。」それについて少し考えたら、出会いではとてもワクワクする物語文であると書いたけど、まとめでは、NO2が気になる物語文と思いました。でも、その気になる事をかいけつできたので、よかったです。前にマインドマップ形式で学んだ時、クラスのだれかが「さいごにものたりない」と、にたようなことを言っていたけど、その時はちょっとしか考えていなから、意見はかえませんでした。続き話を書いた時、森のスマホを作ろうと思ったけど、作品世界がこわれそうだったのでやめました。これからも、作品世界のことを考えて、友だちの意見もよく聞いてがんばりたいです。

ここおもしろい！そんなことを考えていたんだね。こういう授業では言えなかったことや
やらなかったことが書けたらとってもステキです。
勉強した「引用」や「理由」のことも書こう！

間繰り返すわけですから、子どもたちの学び手としての書く姿は〝嬉々〟として、〝鬼気〟としてきます。まさに前のめりで、主体的な書き手集団になるのです。

前頁から次頁にわたる作品は先の『きつつきの商売』の学習の「まとめの感想文」です。

この単元での子どもたちの学習事項は以下です。それが記述に出てきています。

・〇〇な物語という表し方を通して「全体を短くまとめる」ということ
・なぜこの物語を読むと「心があたたまる」のか、を通して「全体の印象」と「作者の書き方による効果」「本文から根

拠を探す」という経験

・「引用」
・影響を受けた友達の意見や名前
・「作品世界」

これらのことを授業で学んだ子どもたちは「まとめ」に書きます。最初のうちは、書くことを教師が提示してあげてもよいでしょう。その後、各々自分でノートを見て学びを振り返って書いていかせます。したがって、**使い終わったノートはバックナンバーとして教室に保管**しておかなければならないのです。「まとめ」を書くときに使うからです。

次は担任した六年生の子が書いた『海の命』（光村図書六年）学習時の「まとめの感想文」の一部です。

この文章は、立松和平氏によって書かれた物語文である。
まず表記面について語ろう。『海の命』は『やまなし』とは全然違う。『やまなし』は設定とかがあまりわからないし、〝今、さっきの事〟という感じがするけど、『海の命』は人の感情が入っていて、具体的で、何年かたっているという感じがするからだ。

そして比喩の使い方も違う。『やまなし』はたくさんいろいろな場面で使われているけれど、『海の命』は少ししか使われていないからだ。『海の命』はN君が言っていたように、海の中に比喩が密集している。それはK君が言っていたように、太一の興奮や高まりを表している。つまり、比喩は太一の心情とつながっているのだ。

例えば、P208の「青い宝石の目」やP209の「ひとみは黒いしんじゅ」や「刃物のような歯」などだ。太一がクエに会って興奮していることを、ここだけ比喩を使うことによって強調しているとも言える。

T君はみんなに質問していた。「〈追い求めているうちに、不意に夢は実現するものだ〉と書いてあるけど、なぜ急に主題みたいなものを書いているのか」という質問だった。わたしは、この時の太一の「夢」というのは「父を殺したクエを殺すこと」だったけど、これから変わっていくから、これがクライマックスにつなげる役目をしているのだと思った。U君もそのようなことを言っていた。

やはり立松氏はわざと、このような文を入れているのだ。Iさんは、「余韻を残す」と言っていた。とても納得した。この文章は余韻を残したり、クライマックスにつなげるたりする役目をしているのだ。

もう一つ比喩が密集しているところがあった。それはP２０６の「海中に棒になって差しこんだ光が波の動きにつれ、輝きながら交差する…」のところだ。この場面は太一が父の海に来たところだ。わたしは、「耳には聞こえなかったが、壮大な音楽を聞いているような気分になった」のところが、太一が耳ではなく体で感じていると思った。

なぜここにも比喩が使われているのか。それはP２０６の「とうとう、父の海にやって来たのだ」のところでわかると思う。「とうとう」というのは、時間がかかっていることを表している。つまり、太一はやっと父の海にやって来たから気持ちが高まっているのだ。この部分はプチクライマックスといえる。この時もまだ、太一の目的は「父を殺したクエを殺すこと」なのだ。（後略）

これでノート3頁分。この子はあと図解を交えながら18頁作文しました。このときは多い子で24頁や21頁、ノート5頁以上書く子がクラス（三十人学級）の半数を占めました。「まとめ」の中に見えてくるのは自分の意見はもちろんですが、それを取り巻く「友達の名前や意見」です。それによって自分が影響されている、ということが書かれます。また、「引用」や〝プチクライマックス〟という「ネーミング」など、これらは四月から国語教室で過ごし、身につけてきた学習事項です。

「まとめ」にはそれまでの学びの蓄積が表れます。

子どもたちは様々な学習してきた「アイテム」を使いながら、書き進めていける自分をメタ認知します。それが学びの充足感を生み、成長したことを実感し、次の学びの意欲へとつながるのです。

23 〝書くことサンドイッチ〟で「読む」授業をつくる（説明文編）

1. 出会いの感想文

進め方やねらいは「物語文編」と同じです。

説明文の「出会いの感想文」書き方

①『（タイトルが入る）』は、筆者である（筆者名）氏によって書かれた（取り上げているテーマ・話題が入る）についての説明文である。

↓（　）内に入れさせます。

②この説明文を読んで最初に思ったことは（初めて知ったことは）……。

③疑問に思ったことは（わからないことは）……。
④私自身のことを言うと、（文中の話題や言葉が入る）について聞いたことがある（知っている）。↓テーマについての経験や知っていることがあれば書かせます。
⑤（既習事項や自分で入れたいこと・入れられること）
⑥（今後の意気込み）これから授業でしっかりと学んでいきたい。など。

④と⑤は入れられる場合は入れるようにさせます。

説明文の学習では、取り上げられているテーマについての子どもたちのそれぞれの経験や知識を発表させると、授業に入っていきやすくなります。そこで④を項目の中に入れています。

⑤については、二回目以降の説明文の授業の際に入れさせます。学びを次の「出会い」に生かしていくのです。これは物語文と同じ。

次頁は三年生の子の『こまを楽しむ』（光村図書三年上）の学習の際の「出会いの感想文」です。あとから書き足そうと思ったことは消しゴムで消さずにまわりや後ろに書いて挿入することを表す矢印を付けさせます。

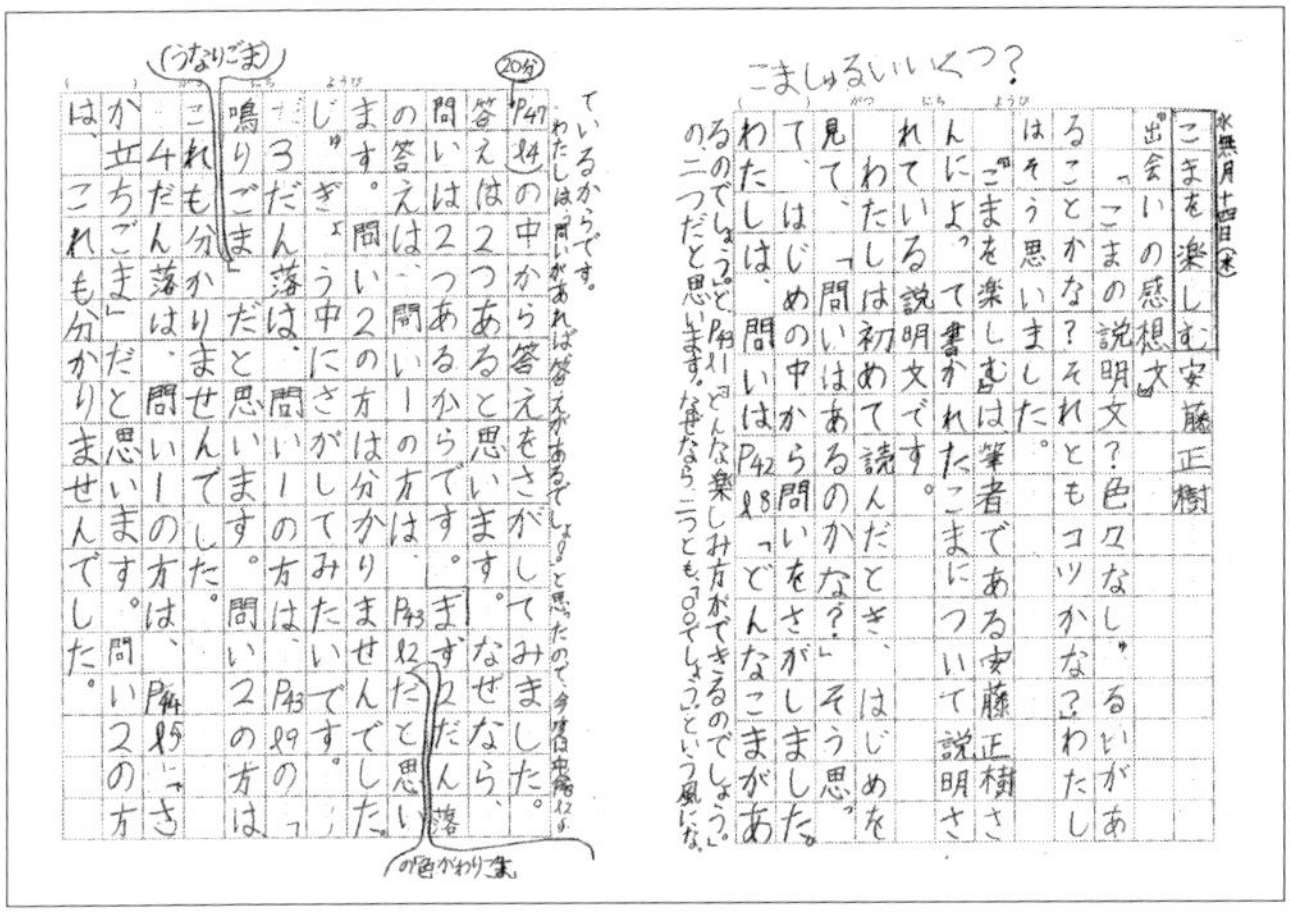
こましゅるいいくつ?

水無月十四日(木)

こまを楽しむ　安藤正樹

『出会いの感想文』

「こまの説明文?色々なしゅるいがあることかな?それともコツかな?わたしはそう思いました。

「こまを楽しむ」は筆者である安藤正樹さんによって書かれたこまについて説明されている説明文です。

わたしは初めて読んだとき、はじめを見て、「問いはあるのかな?」そう思って、はじめの中から問いをさがしました。

わたしは、問いはP42 l8「どんなこまがあるのでしょう。」とP43 l1「どんな楽しみ方ができるのでしょう。」の二つだと思います。なぜなら、二つとも「〇〇でしょう。」という風になっているからです。

わたしは、問いがあれば答えがあるでしょ。と思ったので、今度は[illegible]

(20分) P47 l4の中から答えをさがしてみました。答えは2つあると思います。なぜなら、問いは2つあるからです。まず2だん落の答えは、問い1の方は、P43 l2だと思います。問い2の方は分かりませんでした。じゅぎょう中にさがしてみたいです。

(色がわりごま)

3だん落は、問い1の方は、P43 l9の「鳴りごま」だと思います。問い2の方は、これも分かりませんでした。

(うなりごま)

4だん落は、問い1の方は、P44 l5に「さか立ちごま」だと思います。問い2の方は、これも分かりませんでした。

三年生になって二つ目の説明文で、この子は学習した「問いと答え」について自分なりに考えて書いています。

教材と対話するように書き進めていることを感じていただけると思います。

目を引くのは何度も出てくる**「分かりませんでした」**という言葉。こういう言葉が出るのはいいですね。なぜなら**考えようとしているから「わからない」**わけです。そしてだからこそ、**「じゅぎょう中にさがしてみたいです」「じゅぎょうで学習してみたいです」**という言葉が生まれています。この文章の締めくくりも、**「これからのじゅぎょうで、わたしのぎもんをかいけつしたいです」**で終わっています。

このことはまさに子どもが主体的に学習に向か

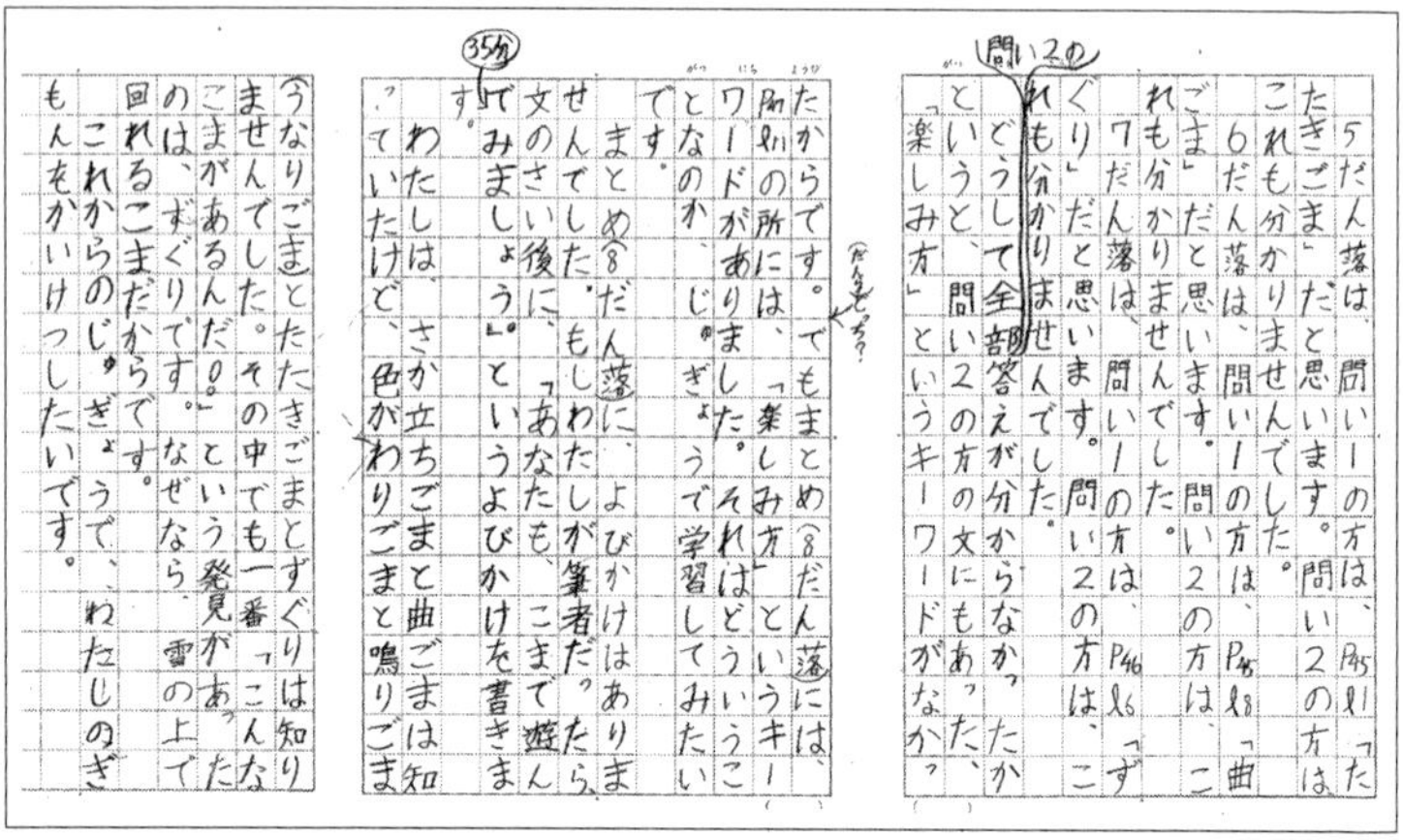
5だん落は、問い1の方は、P45 l1「たたきごま」だと思います。問い2の方はこれも分かりませんでした。

6だん落は、問い1の方は、P45 l8「曲ごま」だと思います。問い2の方は、これも分かりませんでした。

7だん落は、問い1の方は、P46 l6「ずぐり」だと思います。問い2の方は、これも分かりませんでした。どうして全部答えが分からなかったかというと、問い2の方の文にもあった、「楽しみ方」というキーワードがなかったからです。でもまとめ（8だん落）には、P46 l1の所には、「楽しみ方」というキーワードがありました。それはどういうことなのか、じゅぎょうで学習してみたいです。

まとめ（8だん落）に、よびかけはありませんでした。もしわたしが筆者だったら、文のさいごに、「あなたも、こまで遊んでみましょう。」というよびかけを書きます。

わたしは、さか立ちごまと曲ごまは知っていたけど、色がわりごまと鳴りごまとうなりごまとたたきごまとずぐりは知りませんでした。その中でも一番「こんなこまがあるんだ。」という発見があったのは、ずぐりです。なぜなら、雪の上で回れるこまだからです。

これからのじゅぎょうで、わたしのぎもんをかいけつしたいです。


おうとしていることの表れです。

「出会いの感想文」は単元の最初に書かせますから、**子どもたちは新しい学びに入る際に最初から意欲を持って、問題意識をもって突入できる**のです。

2. まとめの感想文

説明文の「まとめの感想文」の書き方

① 『（タイトルが入る）』は筆者である（筆者名）氏によって書かれた（取り上げているテーマ・話題が入る）説明文である

↓（　）内に入れさせます。

② 授業で勉強したこと（ノートを見ながら書いていく）。

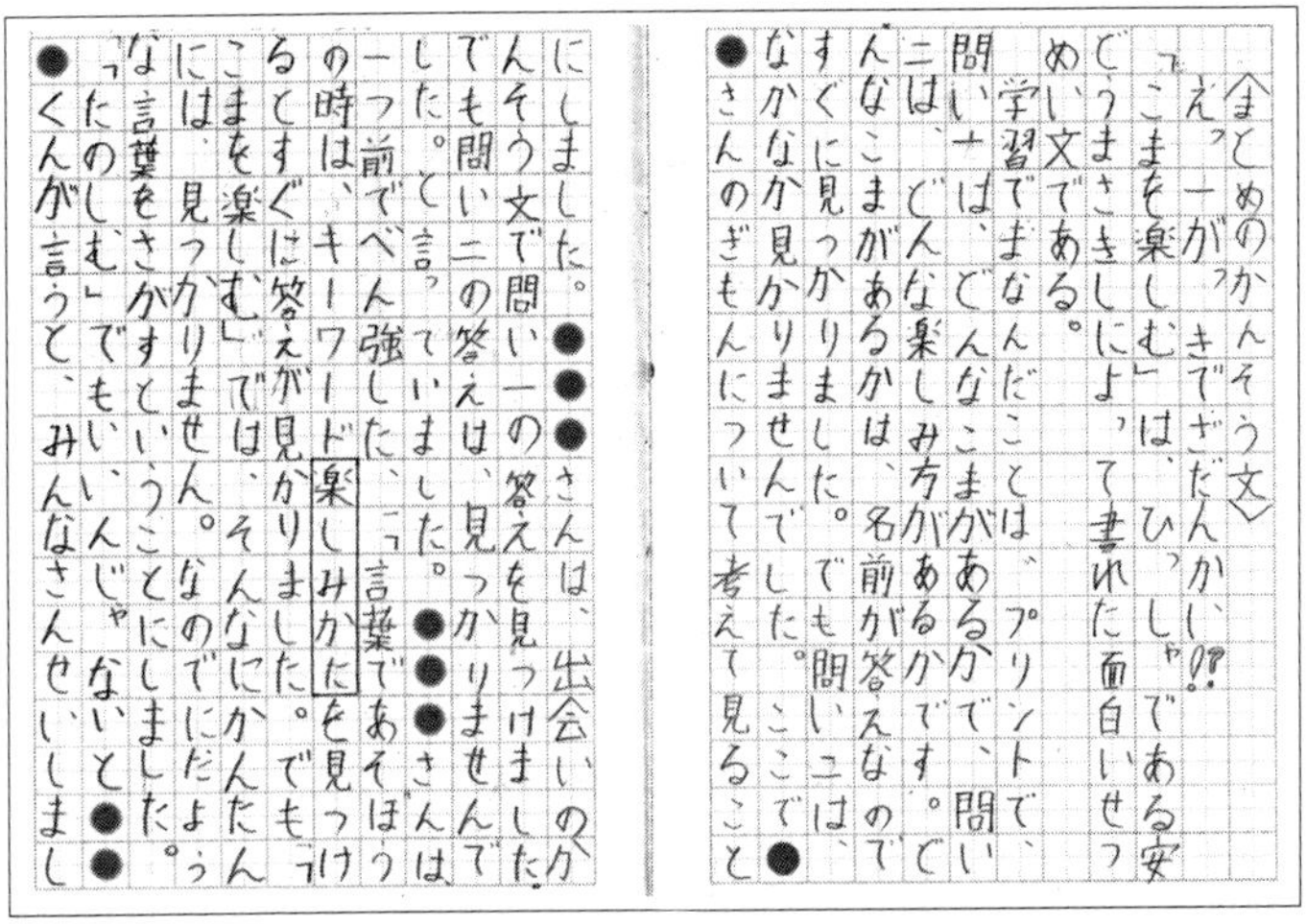
〈まとめのかんそう文〉
えっ一がっきでぎだんかい!?
「こまを楽しむ」は、ひっしゃである安
どうまさきしによって書れた面白いせつ
めい文である。
学習でまなんだことは、プリントで、問
い一は、どんなこまがあるかで、問い
二は、どんな楽しみ方があるかです。ど
んなこまがあるかは、名前が答えなので
すぐに見つかりました。でも問い二は、
なかなか見つかりませんでした。ここで●
さんのぎもんについて考えて見ること
にしました。●●●さんは、出会いのか
んそう文で問い一の答えを見つけました
でも問い二の答えは、見つかりませんで
した。と言っていました。●●●さんは
一つ前でべん強した、「言葉であそぼう」
の時は、キーワード楽しみかたを見つけ
るとすぐに答えが見つかりました。でも「
こまを楽しむ」では、そんなにかんたん
には、見つかりません。なのでにたよう
な言葉をさがすということにしました。
●「たのしむ」でもいいんじゃないと●
●くんが言うと、みんなさんせいしまし

③授業前と授業後で変わったことがあれば書く。
④言えなかった意見があれば書く。
⑤心に残った友達の意見や考え方。
⑥（今後の意気込み）頑張っていきたい。など。
☆授業では扱わなかった（発表しなかった）オリジナル意見

子どもたちは最後に「まとめ」を書く、と知っているので授業はそのことを意識しながら受けることになります。全員が当事者意識をもって授業に臨むのです。

②を書かせるときは、最初は書かせる前に「学習したこと」を子どもたちに問い、板書してあげ

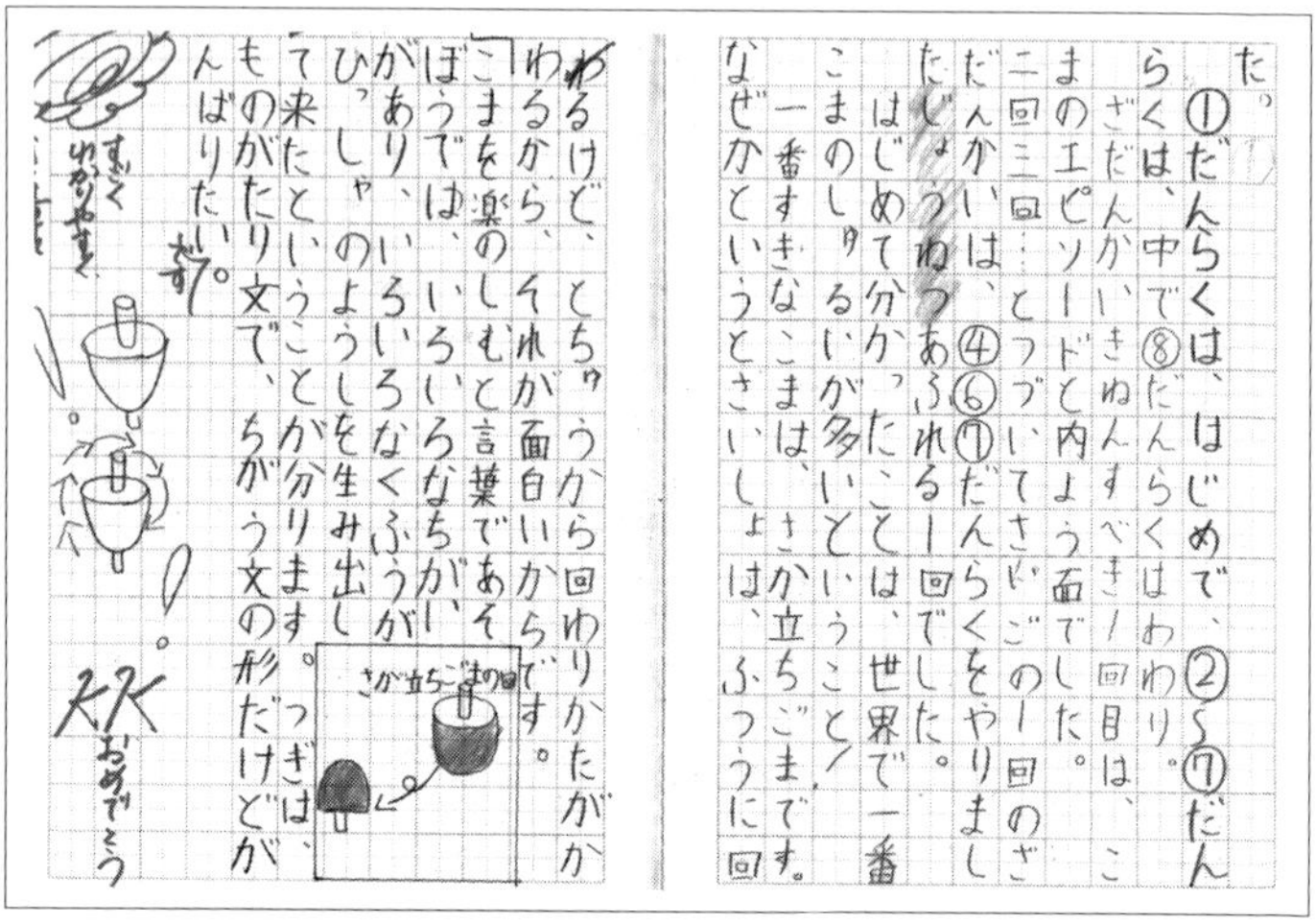

るとよいでしょう。学習したことを箇条書きとして板書してやり、子どもたちはそれを見ながら自分のノートの箇所を振り返り、書きます。

次第に口頭で学習したことを確認し、その後は自分でノートを振り返りながら書いていけるようになります。また、何度も「まとめ」を書いているうちに、「まとめ」を書く際はそれまでの学習事項を入れなければならない、ということがわかってきますので、書き漏らしがないようにと気を付けるようになります。先ほど当事者意識をもって授業を受けるようになると書きましたが、まさにそれがノートの取り方、記述にも表れてくるのです。

前頁からの「まとめの感想文」は、先ほどの『こまを楽しむ』の単元の終末に書かれたもの

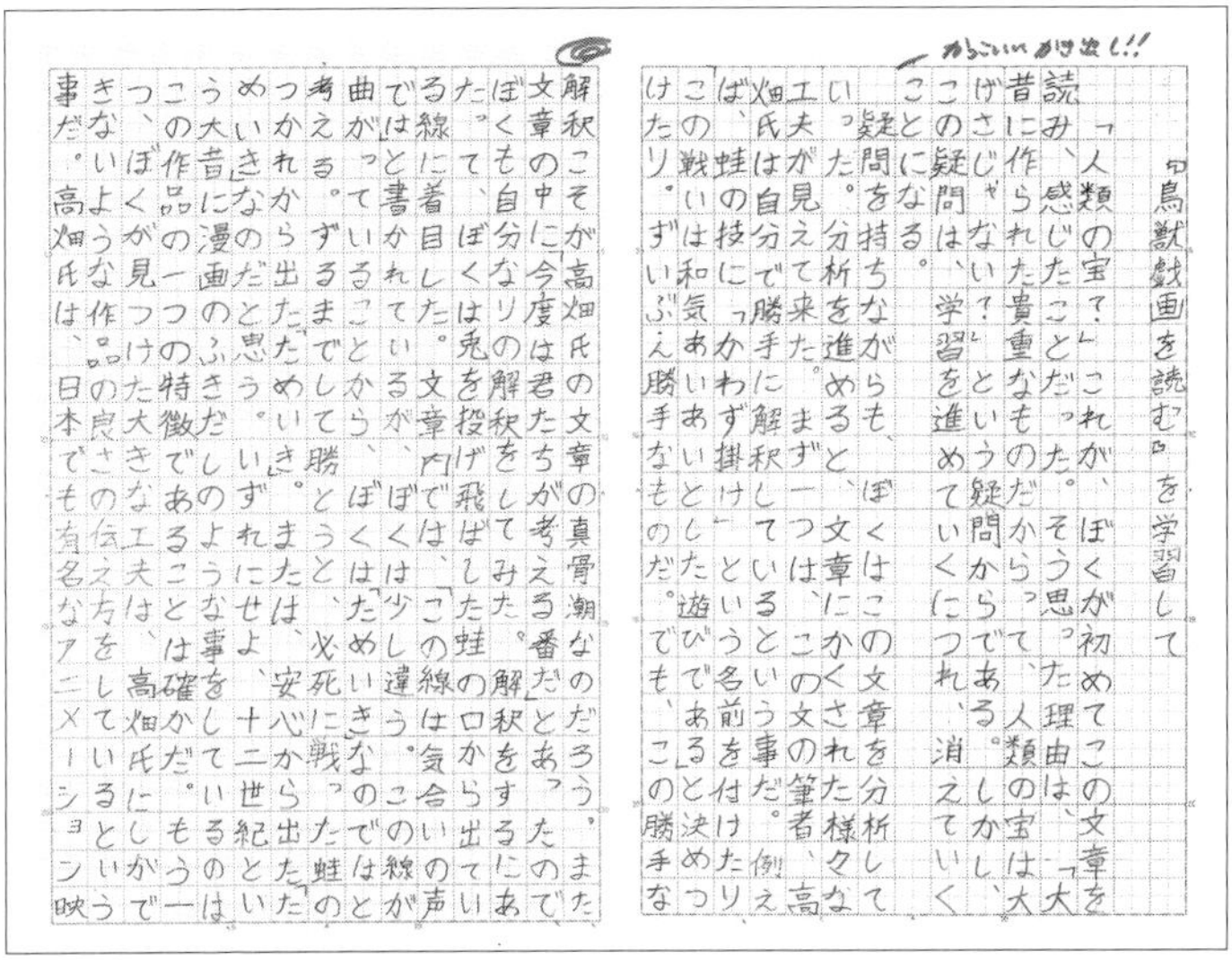
『鳥獣戯画を読む』を学習して
「人類の宝て」これが、ぼくが初めてこの文章を
読み、感じたことだった。そう思った理由は、「大
昔に作られた貴重なものだから」って人類の宝は大
げさじゃない？」という疑問からである。しかし、
この疑問は、学習を進めていくにつれ、消えていく
ことになる。
疑問を持ちながらも、ぼくはこの文章を分析して
いった。分析を進めると、文章にかくされた様々な
工夫が見えて来た。まず一つは、この文の筆者、高
畑氏は自分で勝手に解釈しているという事だ。例え
ば、蛙の技に「かわず掛け」という名前を付けたり
「この戦いは和気あいあいとした遊びであると決めつ
けたり。ずいぶん勝手なものだ。でも、この勝手な
解釈こそが高畑氏の文章の真骨潮なのだろう。また
文章の中に「今度は君たちが考える番だ」とあったので
ぼくも自分なりの解釈をしてみた。解釈をするにあ
たって、ぼくは兎を投げ飛ばした蛙の口から出てい
る線に着目した。文章内では、「この線は気合いの声
では」と書かれているが、ぼくは少し違う。この線が
曲がっていることから、ぼくは「ためいきなのでは」と
考える。ずるまでして勝とうと、必死に戦った蛙の
つかれから出たためいき。または、安心から出たた
めいきなのだと思う。いずれにせよ、十二世紀とい
う大昔に漫画のふきだしのような事をしているのは
この作品の一つの特徴であることは確かだ。もう一
つ、ぼくが見つけた大きな工夫は、高畑氏にしかで
きないような作品の良さの伝え方をしているという
事だ。高畑氏は、日本でも有名なアニメーション映
かっこいい書き出し!!

です。三年生の一学期に書いたものなので、まだｖまだ書き足してほしい部分はあるのですが、精一杯授業を受けて、自分の思いを書いていることが伝わってきます。

ノート二頁目の最初に書かれているのは、先の「出会いの感想文」を書いた子のことです。仲間の疑問がクラスの疑問になっていることがわかります。仲間の名前とともに疑問解決のプロセスが書かれています。書きながら授業を再構成していくのです。これは学期が進めばさらに客観的に書けるようになってきます。

二つ目の作品（上）は『「鳥獣戯画」を読む』（光村図書六年）の単元末に六年生が書いた「まとめの感想文」です。内容を読んでいた

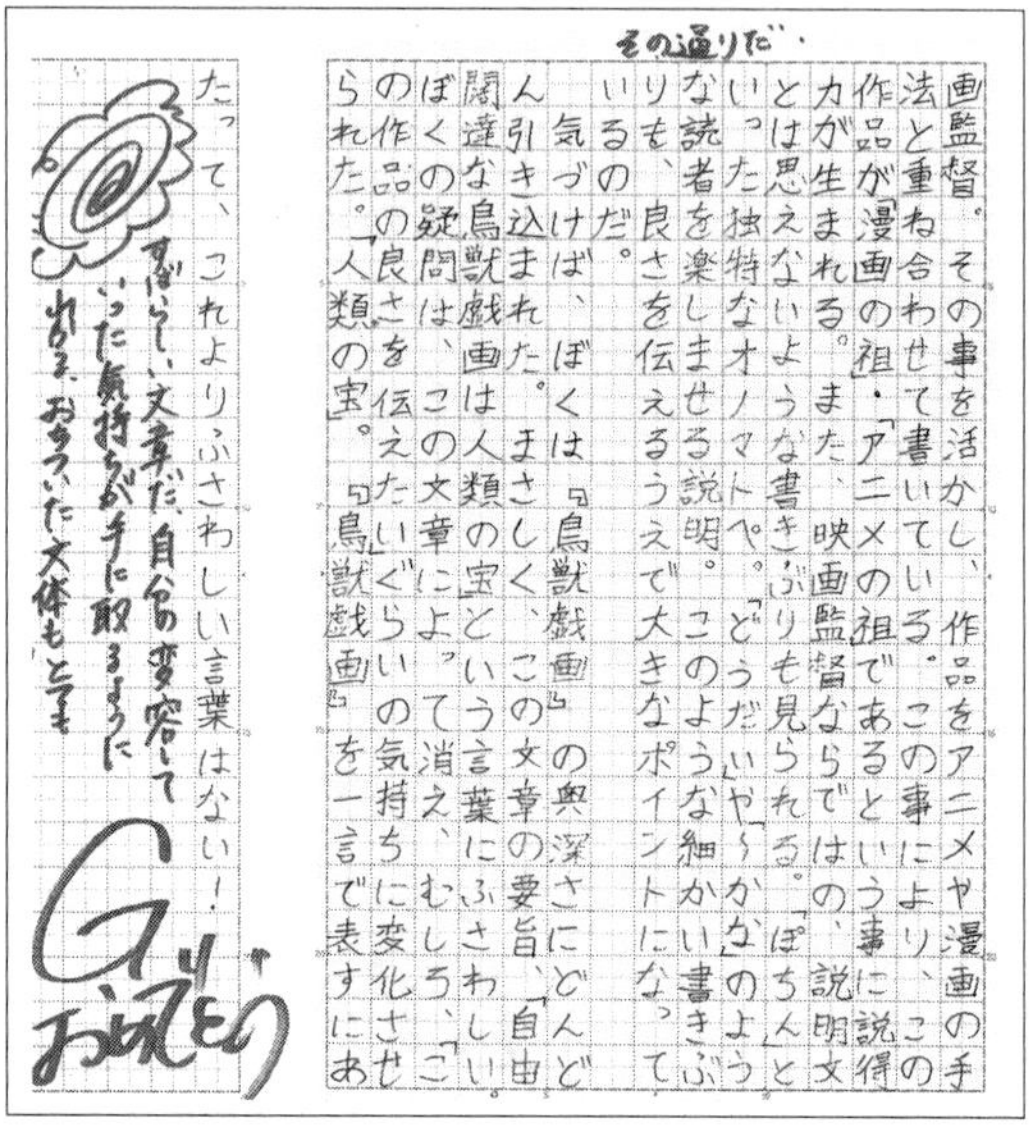

だくとわかりますが、学習したことがふんだんに出てきます。

筆者である高畑氏の書きぶりの工夫。伝えたいこと。それに対する自分の意見。

「まとめの感想文」を書くために授業を再構成していることがわかります。

3. 評価

最後にその評価についてですが、例えば、この六年生の「まとめの感想文」には私は「G」という評価をしています。「G」はこのときの最高評価です。

評価はクラスの子と担任の先生がわかる物差しとしてランクを設定していま

す。

C：再提出　B：普通　A：良い　S：すばらしい　K：キング　G：ゴッド

という具合です。そして「これを入れていたらA」などと子どもたちに言ってやればよいのです。

文体も整っていて、授業内容も、自分の考えも、授業では扱わなかったオリジナル意見も、学習した大切なこともほぼ網羅的に入っている……これは「G」だ！というように評価します。

ただし、厳密な基準で評価しようとすると教師が続きません。**ザッと読んでバンバン評価していくイメージ**です。

毎回評価して、それを一年間続ける。

そうすることで子どもたちは毎回毎回思考します。

「まとめの感想文」を書くために授業中にメモします。友達の意見をきちんと聞きます。

「出会い」と「まとめ」の感想文は、教師サイドからも、子どもサイドからも思考を活性化させる珠玉のツールなのです。

私の国語授業の生命線です。

24
授業の「まとめ」と「振り返り（感想）」は違う

授業の終わりに「まとめ」や「振り返り（感想）」を書かせることがあります。これらの違いを押さえておくと授業がスッキリとします。これらはそれぞれねらいが違うのです。

「まとめ」→本時の学習事項を端的にまとめたもの。
その授業内で子どもたちに身につけさせたい学習事項を定着させるために書かせる。

「振り返り（感想）」→授業の感想。
授業全体を通しての感想や学んだこと、影響を受けた友達の意見などを振り返らせ、次の学習につなげるために書かせる（「まとめ」を内包することもある）。

授業の「まとめ」は本時で学ばせたかった事柄を端的にまとめたものです。『大造じいさんとガン』（五年）で「大造じいさんの心情が情景描写からわかる」という授業をしたとします。その際に書かせる「まとめ」は例えば以下のようになります。

登場人物の心情は（　　　　）から読み取ることができる場合がある。

これが「まとめ」の例です。「まとめ」はできるだけ端的にまとめさせる必要がありますから、時間はそれほど取りません。言葉もほぼ確定されてきます。逆に言えば**「まとめ」の中の言葉が子どもたちによって千差万別になった場合、それは学びが固定されていない**ということになります。この場合（　）内には「情景描写」という言葉が入ります。

反対に、「振り返り（感想）」には当然、「まとめ」の内容が入ることはありますが、子どもたちの様々な書きぶりが登場することになります。授業内容はもとより、「自分は発表ができた」とか、「クラス全体での話し合いがうまくいった」「こうすればもっと話し合いがうまくいった」など、子どもたちが授業で感じた様々なことが書かれます。

【振り返り（感想）に書かれる内容】

① 自分の成長（変わったところ）、反省、次への意気込み
② 友だちの発言、友達の名前
③ 今回の授業で学んだこと
④ 授業で言えなかったことや、自分なりの発見や、オリジナル意見
⑤ クラスとしての様子など（話し合いの仕方、発表、聞き方など）

内容が多様になる性質上、ある程度時間を取って書かせたいものです。また、書きぶりが抽象的になることを避けるため、子どもたちには、「友達の名前が出てくるといいね」や、「教科書の記述を引用できるといいね」といったアドバイスをします。

「まとめ」は毎時間授業の終了時にサッと書かせるイメージは成り立ちますが、「振り返り（感想）」は時間が取れないなら、無理に毎日書かせる必要はありません。書かせるなら足早に取り組ませる状態は避け、少し時間を取ってきちんと書かせることです。

25 主体的・対話的で深い学びを〝日常的に〟実現させるツール「振り返り」

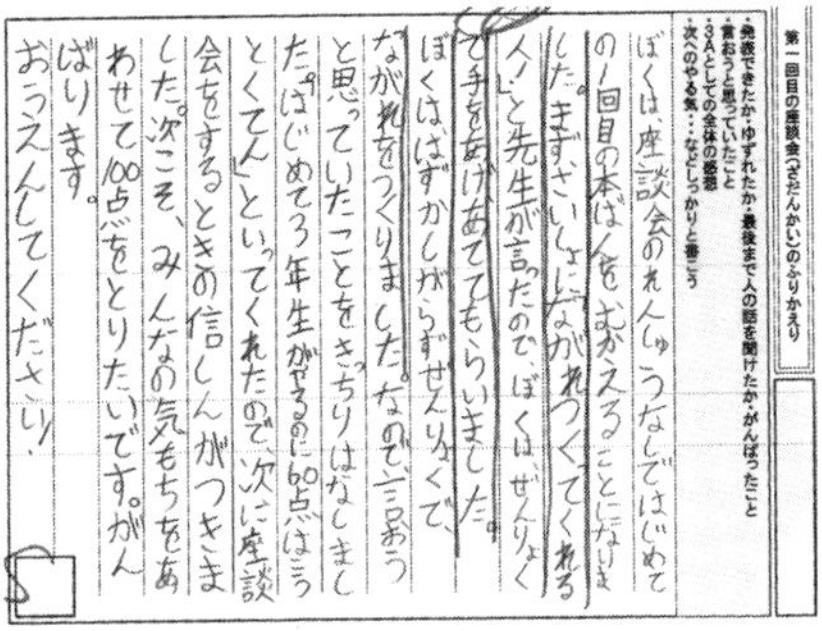
第一回目の座談会（ざだんかい）のふりかえり
・発表できたか・ゆずれたか・最後まで人の話を聞けたか・がんばったこと
・言おうと思っていたこと
・3Aとしての全体の感想
・次へのやる気…などしっかりと書こう

ぼくは、座談会のれんしゅうなしではじめての1回目の本ばんをむかえることになりました。まずさいしょにながれつくってくれる人！と先生が言ったので、ぼくは、ぜんりょくで手をあげあててもらいました。ぼくははずかしがらずぜんりょくでながれをつくりました。なので言おうと思っていたことをきちりはなしました。ぱじめて3年生がやるのに60点はこうとくてん」といってくれたので次に座談会をするときの信しんがつきました。次こそ、みんなの気もちをあわせて100点をとりたいです。がんばります。
おうえんしてくださり！

本項で扱うのは「座談会の振り返り」。三年生、一学期のものです。

子どもたち同士でとことん話し合う場をもつ活動を「座談会」と呼んで国語の授業を中心に行っています。上はその「座談会」一回目終了時の振り返りです。

最初の振り返りの子は、自分が口火を切り、流れをつくったことに充実感を覚えています。

二つ目の振り返り（次頁）は同じ座談会の中で、日頃発

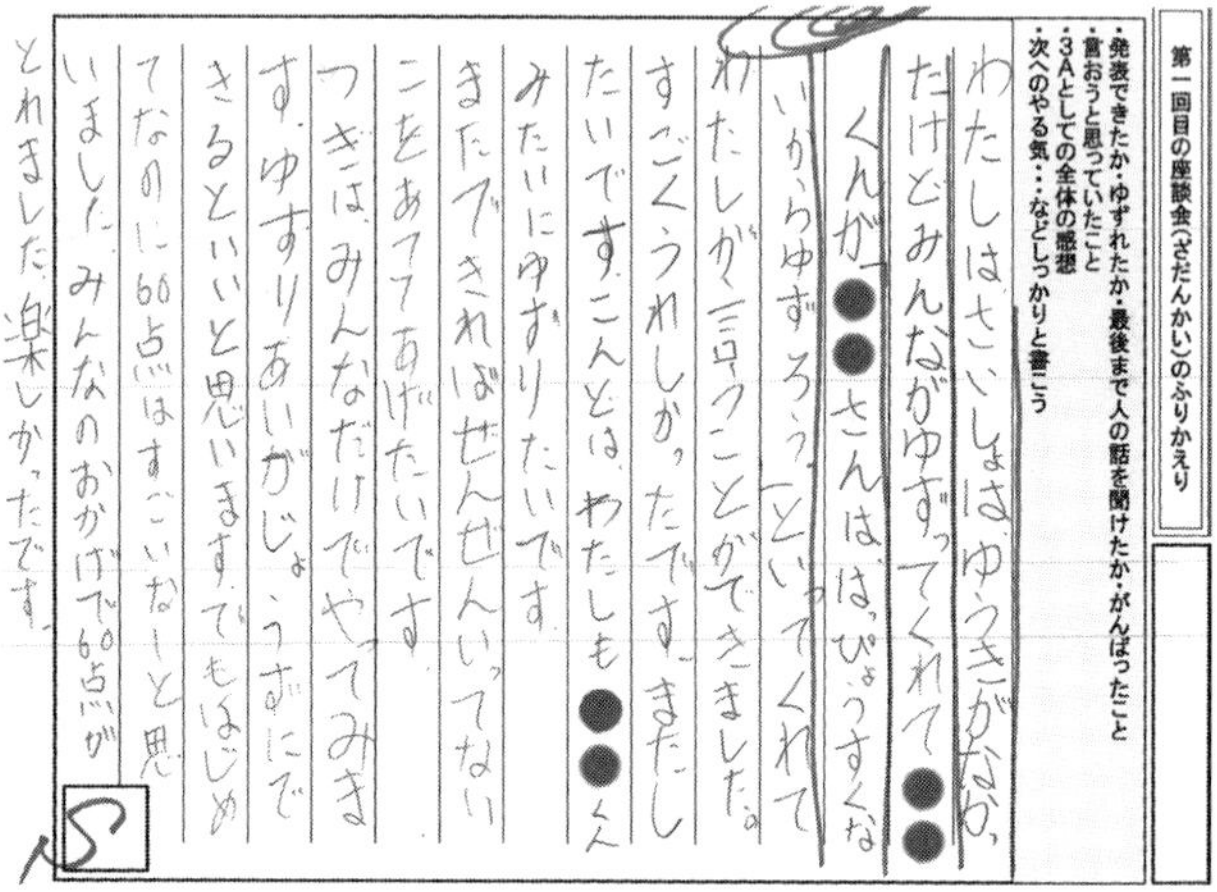
第一回目の座談会（ざだんかい）のふりかえり
・発表できたか・ゆずれたか・最後まで人の話を聞けたか・がんばったこと
・言おうと思っていたこと
・3Aとしての全体の感想
・次へのやる気・・などしっかりと書こう

わたしはさいしょはゆうきがなかっ
たけどみんながゆずってくれて[redacted]
くんが、[redacted]さんは、はっぴょうすくな
いからゆずろう。といってくれて
わたしが言うことができました。
すごくうれしかったです。またし
たいです。こんどは、わたしも[redacted]くん
みたいにゆずりたいです。
またできればぜんぜんいってない
こをあててあげたいです
つぎは、みんなだけでやってみき
す。ゆずりあいがじょうずにで
きるといいと思います。でもはじめ
てなのに60点はすごいなーと思
いました。みんなのおかげで60点が
とれました。楽しかったです。

言が少ない子のもの。ゆずってもらって発言できた、というケースです。この子はもう一つ、「話し合いの内容を変える」という〝仕事〟をやってのけました。この座談会で話し合っていたのは『こまを楽しむ』という説明文（光村図書三年上）の学習で、「自分のこまのエピソードを話す」というテーマでした。それまで自分のこまの「失敗談」を話していた子どもたちでしたが、この子は「成功談」に話を切り替えたのです。そのことを書いているのが最後に示す振り返りの子です。

三つ目の振り返りの子は、座談会中の発言はありませんでしたが、仲間のやり取りをしっかりと聞いて考えていたことが内容からわかります。

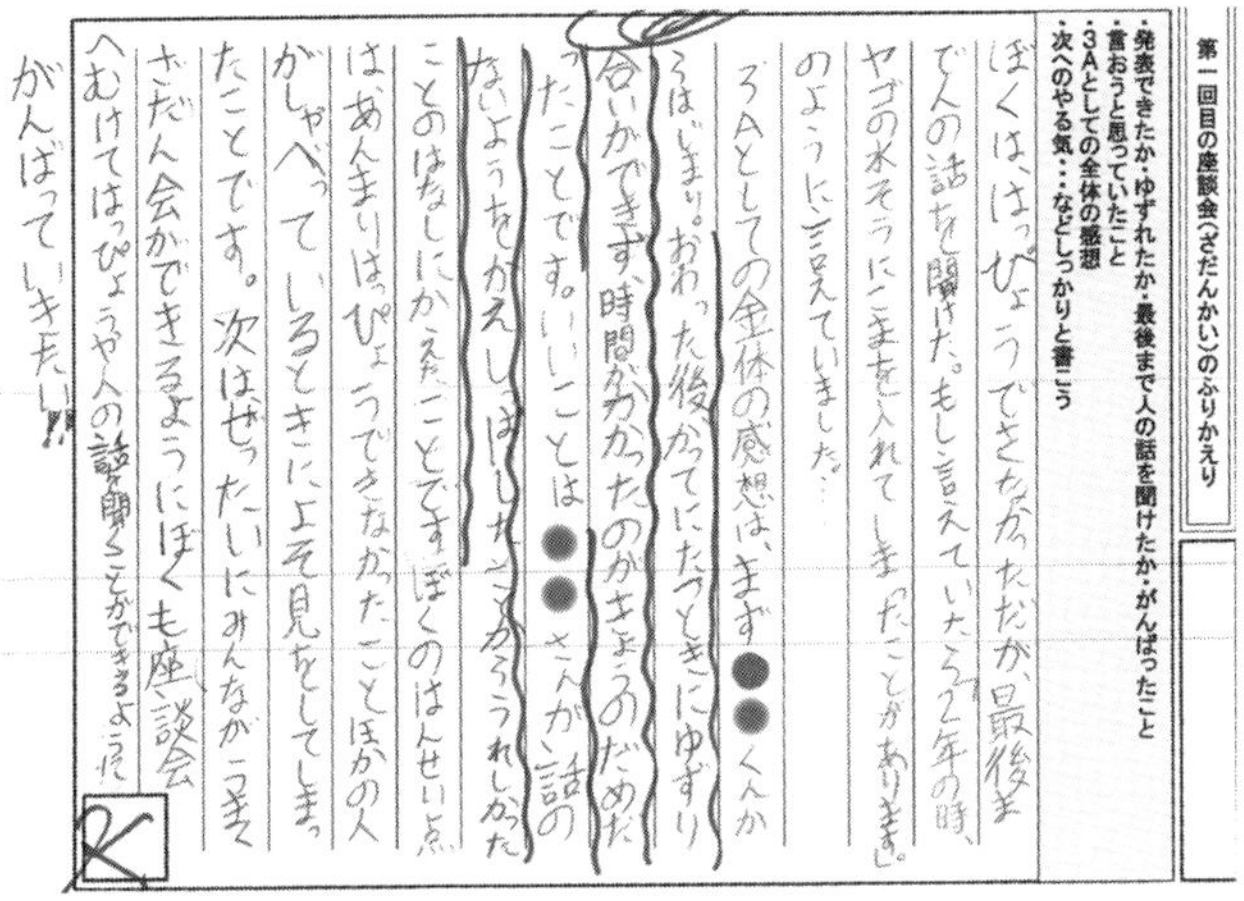
第一回目の座談会（ざだんかい）のふりかえり

・発表できたか・ゆずれたか・最後まで人の話を聞けたか・がんばったこと
・言おうと思っていたこと
・3Aとしての全体の感想
・次へのやる気・・・などしっかりと書こう

ぼくは、はっぴょうでさなかったたが、最後まで人の話を聞けた。もし言えていたろ2年の時、ヤゴの水そうにこまを入れてしまったことがありまず。のようにに言えていました…
3Aとしての全体の感想は、まず●●くんかろはじまり。おわった後かってにたつときにゆずり合いができず時間がかかったのがさようのだめだったことです。いいことは●●さんが話のないようをかえしぽしたことがうれしかったことのはなしにかえたことです。ぼくのはんせい点はあんまりはっぴょうできなかったことほかの人かしゃべっているときによそ見をしてしまったことです。次はぜったいにみんながつぎざだん会ができるようにぼくも座談会へむけてはっぴょうや人の話を聞くことができるようにた
がんばっていきたい!!

これら三つの振り返りを通して、子どもたちの関わり合いを感じていただけると思います。**子ども同士のつながりを意識した観点を設けて振り返りを書かせることで、子どもたちの〝点〟の意識は仲間とつながる〝線〟となります。つまり授業は主体的で、対話的なものとなる**のです。

そうして、仲間の存在を意識し、仲間の発言から感化されることを何度も経験する中で、学びは深いものとなるのです。

「振り返り」は日常的にそのような学びをつくり出すための最良のツールなのです。

26
「振り返り」の質を上げるための観点

振り返り用紙を詳しく見ていきましょう。
用紙の右端には観点が示されています。以下に示します。

・発表できたか・ゆずれたか
・最後まで人（友だち）の話を聞けたか
・頑張ったこと
・言おうと思っていたこと
・3Ａ（クラス）としての全体の感想

・次へのやる気……などしっかりと書こう

これらを用紙に最初から明記しておき、その項目を見ながら子どもたちは書くことになります。次頁の「振り返り」は三年生、一学期のものです。前項で紹介した振り返りの二回目のものです。この子はあらかじめ挙げられていた観点を網羅しています。

ただダラダラと感想を書かせていたのでは振り返りの質は上がりませんし、それでは授業も深い学びとはなりません。

そこで、きちんと観点を示しておきます（観点を子どもの文章の下につけました）。

自らをメタ認知させるための観点が**【発表できたか・ゆずれたか】**というものです。**【言おうと思っていたこと】**の観点があることで、発表できなかった子が何を考えていたのかわかります。加えて、発表するチャンスがなかった子を〝お客さん〟にさせません。常に要所要所で「振り返り」を書くという楔《くさび》があることで、発表しようがしまいがきちんと自分の考えをもっていなければならない状態をつくり出せます。

【全体の感想】は、クラスとしての学びの姿勢を意識させることができます。クラス全体に向ける目を養うためです。学級経営上、「話し合い」を上達させるためには必要な観点

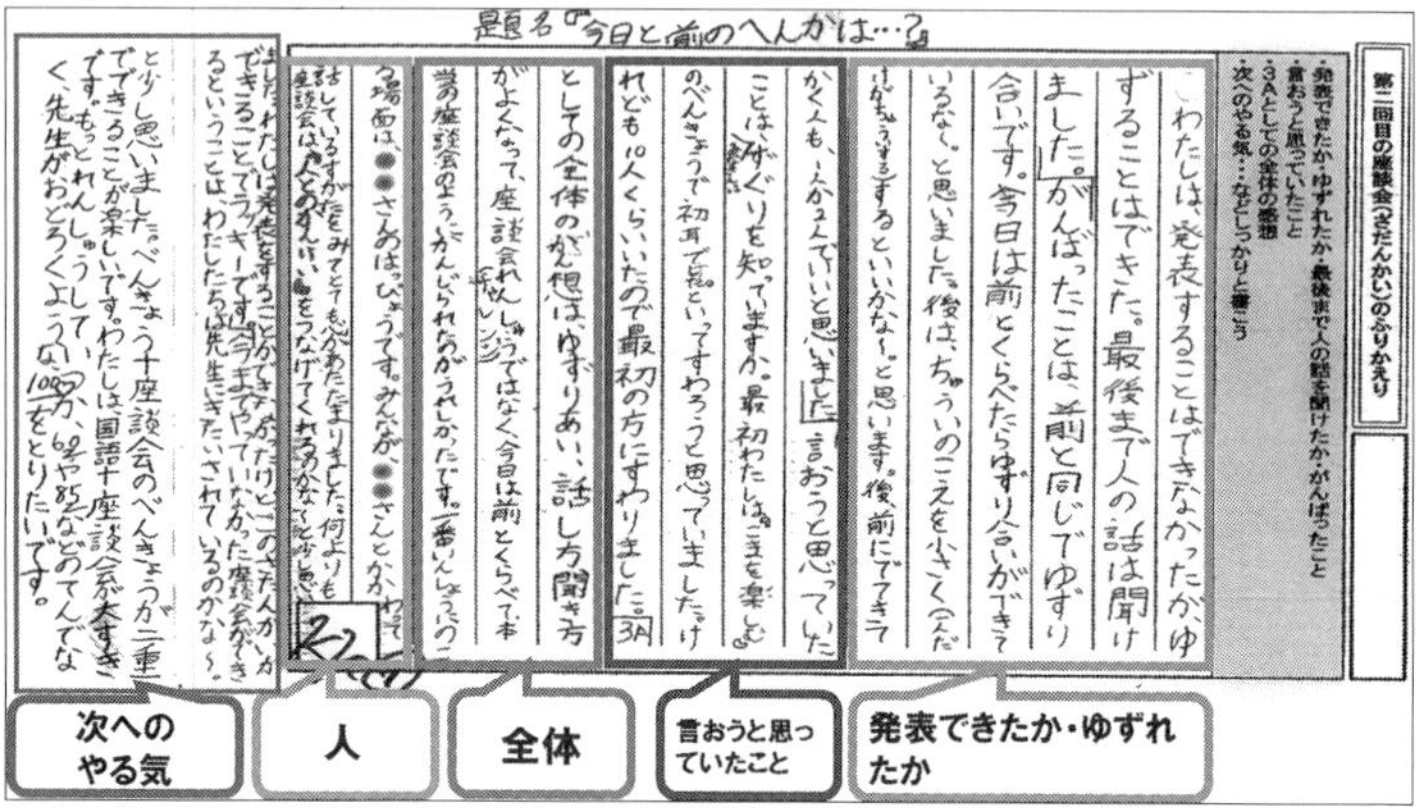

です。

【人】の観点は**【全体の感想】**に関係するものです。「振り返り」には友達の名前を入れましょう、と声をかけます。そうすることで、意識して友達の意見を聞くようになります。それは対話的な学びを育みます。

【次へのやる気】を書かせて、学習を次の授業へとつなげていきます。今回の学びをそのまま風化させず、良いところは続け、直すべきところは次回に意識して直す、そのような流れをつくり出すための観点です。

「観点」をしっかりと示すことで、子どもたちは「何を書いたらいいのか」がはっきりします。そして当然ですが、我々が「振り返り」を書かせるのはつけたい力があるからです。それが達成されるような意図的な観点を示すことが必要なのです。

ちなみに、「振り返り」を最初は用紙に書かせることで、いつでも「観点」を見ながら書くことができます。その後、「観点」が子どもたちの頭に浸透してきたら、ノートに書かせてもそれらの観点を意識しながら書いていけるようになるでしょう。

また、用紙にすることで、全員分をその都度回収し、スキャンして保存したり、見本となるような作品を集約コピーをしてすぐに配布するということも時間を取らずにできます。

27

「振り返り」のさらにその先へ

「振り返り」は授業を振り返ることであり、自己を振り返ること、クラスを振り返ることです。

振り返りが主体的・対話的な学びを生み出せることは前述しましたが、さらにもう一歩の〝詰め〟を行います。

例えば次のような記述が見られる場合。

「今日は発表があまりできなかったので、次はもっと発表したいと思います」

よくある記述だと思います。

それに対し教師は「頑張ろう」「発表できるといいね」といったコメントを書くかもしれません。ですが、それだけではほぼ状態は変わらないでしょう。

子どもたちは自分のことを真剣に振り返りますが、それを実際に次の授業で実行に移せるか、移そうと意識できるかどうかはまた別なのです。

そこで、ちょっと背中を押してあげます。

振り返りを返却するときに次のように話します。

「振り返りに〈発表があまりできなかった。次からはしたい〉と書いた人がいるよね。手を挙げてごらん。素晴らしい。では、それを今日の授業で達成できるといいなあ」

そして授業中、果敢にも発表までこぎつけた子が誕生したらその場で「発表できたね。振り返りのことを実行できた！　素晴らしい」と褒めるのです。

「発表できなくても次にまた意識できるといいね」と声をかけます。

振り返りを書かせたのであれば、クラスの一人ひとりの〝その後〟にまでこだわる。先のような声かけを教師が続けていると、今度は「頑張って発表できた○○さんがすごい」という仲間同士の振り返りが誕生します。

仲間が仲間の成長を見て取って、評価し合う姿へと昇華するのです。
「振り返り」のさらにその先へ。その意識が大切です。

Part 4

〝書ける子〟にする
ノート指導

28 ノート指導のポイント①概念改革編

「書くこと指導」のほとんどは、日常の当たり前のような場面に存在します。

その代表が「ノート指導」。

学習は基本的にノートで進めます。ワークシートは使いません。

それは、ワークシートが「教師が授業しやすいように作られている」場合が多々あるからです。ワークシートを作るのならば、子どもの力を最大限に引き出すことを念頭に置いて作るべきです。

話を戻します。学びはノートで進めます。

真っ白のノートに学びを、気付きをつづっていかせることこそ授業です。

ノートにどう書かせるか。

何を書かせるか。

何を書かせないか。

これを考えることが大きな授業設計の一つです。それを管理的にポンとワークシートに逃げてはいけないのです。ワークシートの流れに合わせた、その場だけのそのときだけの思考を書いていくだけの授業では子どもは思考しません。


では、具体的なノート指導はどうすればよいでしょうか。

まずは、子どもたちの概念を変えるところから始めます。それは、

「ノートほど貴重な学習資料はない」

ということを子どもたちに認識させることです。

多くの子どもたちは「ノート」に対する意識を高くもっていません。「今、書ければいいもの」くらいにしか思っていない子も多い。ノートは時間が過ぎれば書けるページが減

っていき、なくなれば新しいものを用意する……といった「今書けるかどうかのもの」としてのノート。これが多くの子のノートに対する意識なのです。

ノートに対する概念改革をしなければ、子どもたちはその場その場でノートとの出会いが完結してしまいます。これは言うなれば「ホワイトボード型ノート思考」です（どんどん書き、どんどん先へ行く）。そうではなく、ノートは**「メモリーカード型ノート思考」**で捉えさせます。つまり、

「再検索できて、活用できる」

という思考です。

ノートはなくなろうとも、学びは継続しています。ノートは一冊目から学年最後のノートまで、一本の線でつながっているのです。この概念は授業を変えれば子どもたちの中に根付きます。正確には、根付かざるを得なくなります。

国語の授業の際、私は「出会いの感想文」「まとめの感想文」というものを書かせます（P.90参照）。その際、二回目以降の「出会い」ではそれまで学習したこと（既習事項）を

用いて新しく出会った教材に対峙していく。既習事項を使って読み、見つけたことを書いていくのです。

まさにそのとき、**学習事項を振り返るために子どもたちは過去のノートをパラパラとめくり返す**ことになります。

この一連の行為こそが、**学びの振り返りであり、学びの再構築になり、学びの活用となるのです。**

そうなると「過去のノート（バックナンバー）」が必要となってきます。使い切って終わり、ではありません。

使い切ったノートは、バックナンバーコーナーを教室内に設け、そこに置かせます。「出会い」や「まとめ」を書くとき、子どもたちは過去のノートをそこに取りに行って使います。

このように、**「ノートを活用する」ということが授業の中に組み込まれている。**つまり、授業のあり方がノートの概念を変えるわけです。

「ノート指導」というものは、実は「学びのシステム」そのものの話なのです。

29 国語ノートにすべてがある

国語の学習での情報は、国語ノートに一元管理させます。

〝国語ノートにすべてがある〟そのような状態にするのです。そして使い終わった国語ノートは、バックナンバーとして教室に保管します。そうすれば子どもたちはそれまで学習したことをいつでも振り返ることができます。**国語ノートには自分の考えが書かれており、板書が写されており、友達の意見がメモされている。そして配られたプリントも貼られている。**

国語科での学びがすべて詰まっている。それが国語ノート。

ちなみに、配布資料は配ったその場で貼らせます。資料が全員のノートにきちんと貼られているということも大切な学習環境であり、指導です。
「書くこと」指導を下支えするのは、まぎれもなくノートなのです。

30 ノート指導のポイント②実技編

ノートは「再検索できて、活用できる」ものと書きました。

そのためには、
・検索しやすいこと
・見返したときにわかりやすいこと
が大切です。

そこで、「**〈未来の自分へのメッセージ〉と思って、〝今〟を全力で書きなさい**」と声をかけます。

子どもに提示している「ノートテイクのポイント」をご紹介します。

■ノートテイクのポイント

①日付・曜日を書く
②取り組むタイトル（テーマ、ミッション）をわかりやすく目立つように書く
③タイトルが先生により板書されなかった場合は、自分でタイトルを付ける
・例えば「今日の学習の感想を書きなさい」と先生が話し、いざ書こうとするときに、いきなり感想を書き始めるのではなく、「今日の学習の感想」とタイトルをきちんと自分で最初に付けてから書き出す。
④感想や振り返りには自分の名前を入れる（コピーしたとき誰のものか教師がすぐにわかるため）
⑤板書を丁寧に写す（のは当たり前）
⑥先生が書かなかったことが書ける（メモ）
・発表したくても言えなかったこと
・思いついたアイデア　・友達の発言
⑦配られた資料はすべてノートに貼る

⑧ 提出した「振り返り」などが返却されてきたらすぐに貼る
⑨ 時間があればキャラクターなどを登場させてワクワクする紙面にしてもよい
⑩ 自分だけの工夫

これらに加えて算数では、次のようなルールがあります。

・丸付けの丸はきれいな◯を描く
・式と式の間は一行分空ける
・一マスに一字書く
・考え方の工夫を吹き出し状にして式や問題の近くに書き入れておく
・図解してみる

それらはすべて考えをきちんと整理するため。検索しやすくするため。そして見返したときにわかりやすい、つまりは再現性をもたせるためです。

「ノートにあなたの学びのすべてがありますか?」

子どもたちにはそう問い続けましょう。最後に六年生二学期のノートを掲載しておきます。

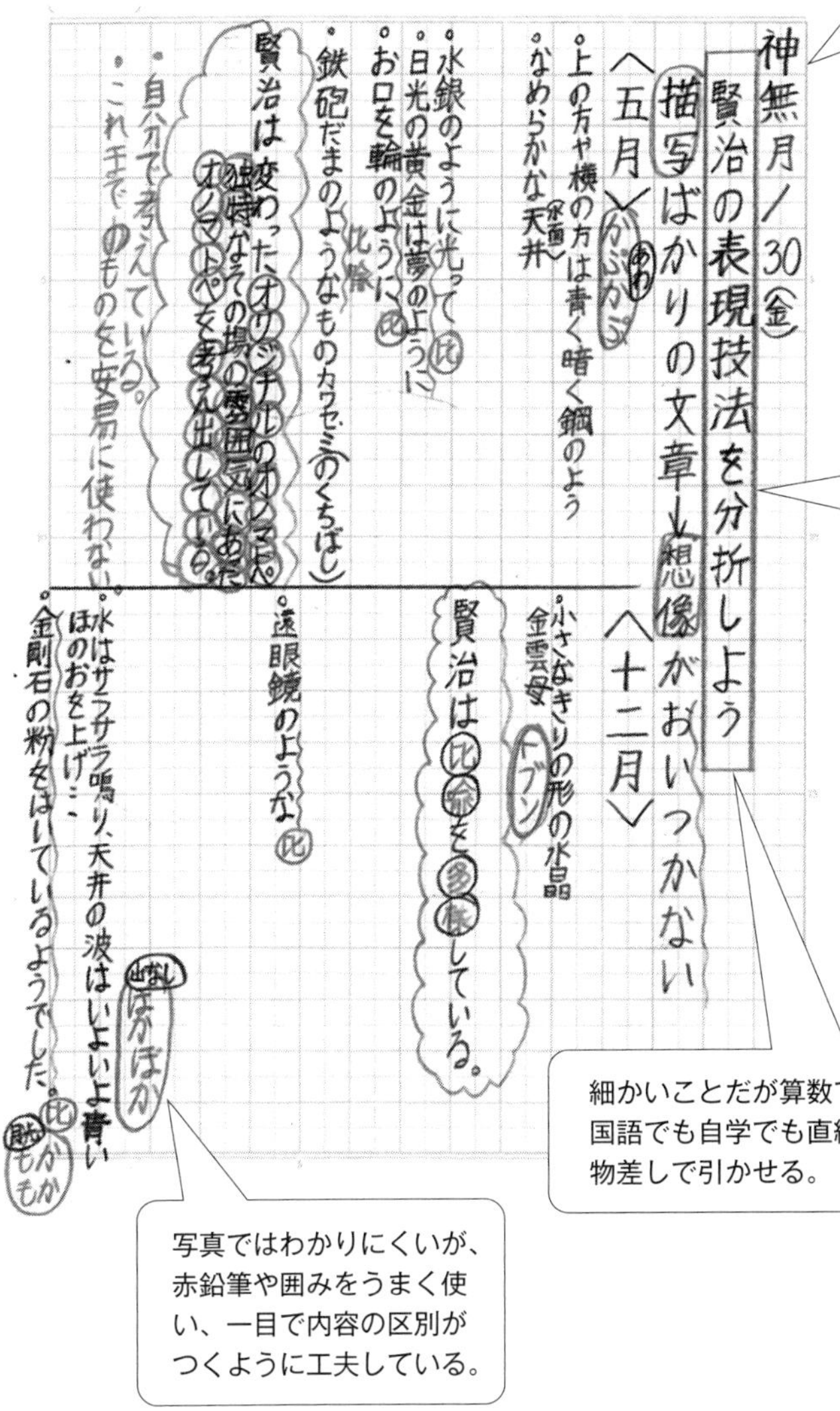

日付

取り組むタイトル

細かいことだが算数でも国語でも自学でも直線は物差しで引かせる。

写真ではわかりにくいが、赤鉛筆や囲みをうまく使い、一目で内容の区別がつくように工夫している。

自分だけのマークや目印を用いて見返したときに大切な箇所がわかるように工夫している。

算数でも国語でも丸付けの丸はきれいに描かせる。さらに行の間に一行空けることで見やすくしている。見やすさは見返したときにストレスをためない。

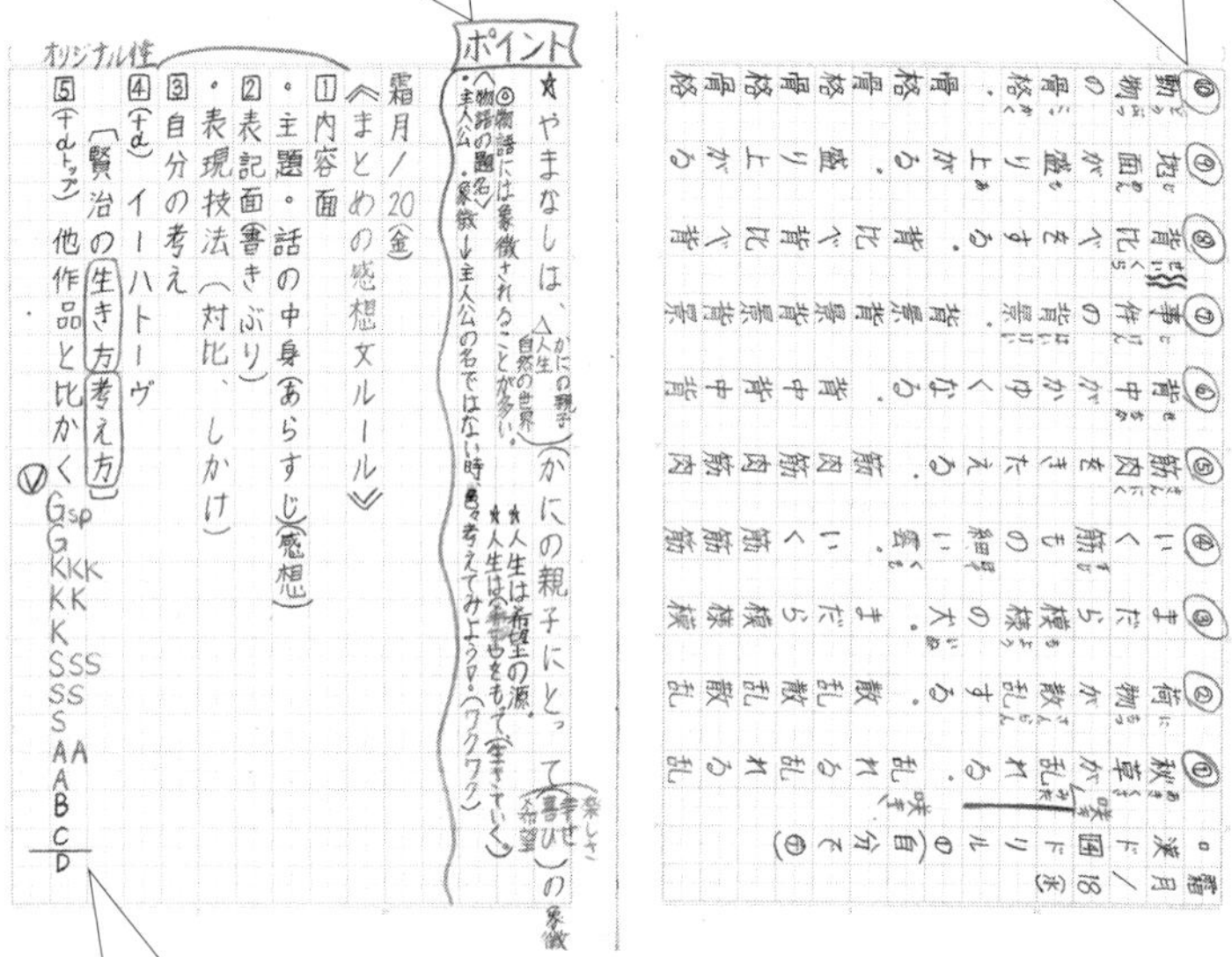

評価の基準をメモしている。板書以外にもメモすることは自分で判断して書いていく。最初は「ここでメモだよな」「今のはメモだよね」と声をかけて書かせる。

「ここまで書けている人？」と問い、挙手をした子に「花丸を描いておきなさい」と指示。欄外は何かと重宝するスペース。

何気ない花丸だが、花丸は即席の「教師からの評価」となる。自分で描かせることでその場で評価ができるわけだ。さらに何度も自分で花丸を描くことで、自己肯定感も生む。たかが花丸、されど花丸。

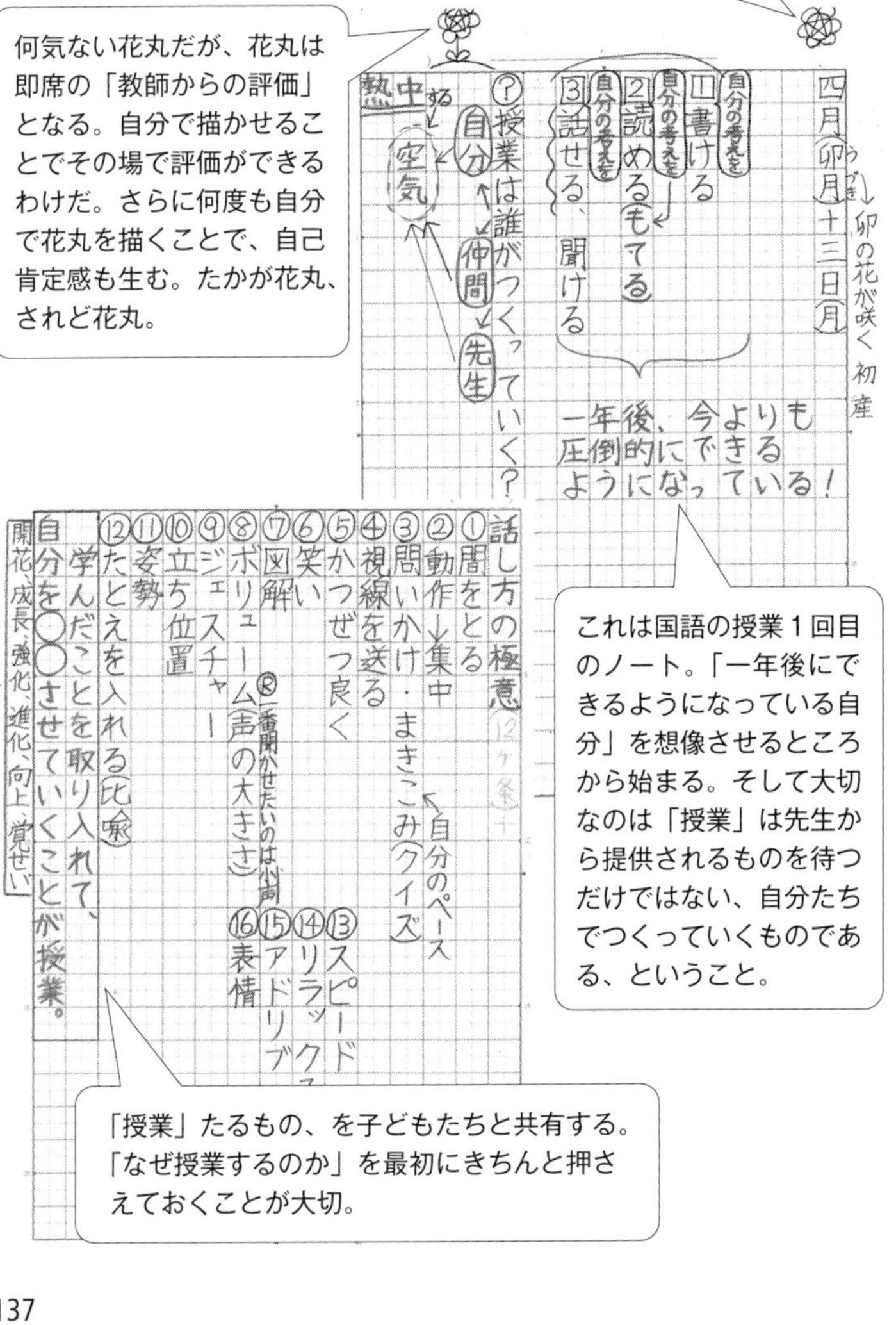

これは国語の授業１回目のノート。「一年後にできるようになっている自分」を想像させるところから始まる。そして大切なのは「授業」は先生から提供されるものを待つだけではない、自分たちでつくっていくものである、ということ。

「授業」たるもの、を子どもたちと共有する。「なぜ授業するのか」を最初にきちんと押さえておくことが大切。

31 ノート指導のポイント③ノートチェック編

ノートをチェックするときは、チェックの方法を使い分けます。例えば、次のように。

全員分回収してチェック

一人ひとりのノートを見ながら内容を確認し、成績を付けていくときに行います。記述の内容に注目して「読解力」をみる。字に注目して「関心・意欲」をみる。自分だけのメモの部分に注目して「創意工夫」をみる…などなど。

集めたからにはきちんと「評価」しましょう。

A：必要最低限（板書など）のことを書いている

S：Aに加えて字がきれいで読みやすい

K：A、Sに加えて自分だけのメモや、友達の意見を書いていてオリジナル性に優れている

など、その教室のルールを決めて（提示して）評価します。全員集めるのは、主に学期末や単元末などじっくりみるとき。目的もどちらかというと教師側にウエイトがあります。

机間指導でチェック

ノート指導は、全員毎時間きちんと書かせることが基本です。そのためにチェックは〝その場で〟行います。「ノートに考えを書きます」と作業指示をします。その後全体を見回した後、手が止まっている子たちを確認し、その方面へ出かけます。

このときは〝散歩〟にならないように注意します。誰が書けているのか書けていないのかを見て、書けている子の作品を教師が少し声に出して読み書けていない子の参考にさせます。書けていない子に対しては隣へ行って少し書き出しを言ってあげる。途中で止まっているなら少し続きを言ってあげる。

大切なのは、**その場で「書けていない子」をなくしていくこと**です。

書けない↓0人、書けない↓0人、書けない↓0人……この毎時間の蓄積が「一人残らず書ける集団」を育んでいくのです。

前に持ってこさせてチェック

例えば算数では、問題を解いた後に教師のところへノートを持ってこさせることがあります。「五番までできた人は持ってきなさい」という具合です。

教師はどんどんノートにハンコを押していきます。

ハンコはスピードが速い。「五番までできているか」のように〝完了〟かどうかをチェックするだけの場合は印鑑がオススメ。ハンコならどんどんさばけます。

ここで時間をかけると行列ができてしまいます。それは好ましい状態ではありません。行列の最中でもめ事やおしゃべりを生んでしまうかもしれないからです。

ハンコを押してもらった後は板書をさせるか、次の課題をさせるなど必ず次の指示もセットにしておきます。他にも名前を呼んでチェックするなど、方法は様々ありますが、何も考えないでただチェックするということでは効果はありません。目的に応じたチェックを心がけたいものです。

32 ノート返却時の授業
―欠かせない、書かせない授業―

書く力を向上させるために欠かせない授業があります。

それは〝書かせない〟授業。

評価を終えた個々の作品（ノート）を返却する際の授業のことです。

クラスの子の作品を子どもたちに紹介し、参考にさせます。

私はこの授業を**丸ごと一時間取って行います。**

全体的に評価の高かった作品や、部分的に優れた記述がある作品などを読み聞かせで紹介したり、集約してコピーし、全員に配布したりするのです。

では、ある「返却の授業」の様子を授業記録をもとにリアルに見てみましょう。

10／27　授業記録（三年生）

今日は「人生の授業」（笑）

やったのは、『私と小鳥とすずと』の「まとめの感想文」の返却。それに一時間かける。

今日は初めてV（評価の名前）が出た。Y（子どもの名前）。

その作品をコピーはしていないけれど読む。コピーしたものは来週配ろう。

読みながらメモを促す。Sも熱心にメモしていた。

読むだけなら10分くらいで終わる。しかしなぜ一時間かかるのか。それは、「生き方」にも言及していくからだ。

Yの書きぶりの最大の特徴は、オリジナル性に長けていること。そしてその内容は「自分事」にしている点だ。

彼女が文中で使っていた「処方箋」という言葉。ここから言葉の学習も始まった。

「処方箋」を辞書引き。しかし載っていない。しかし、「処方」は載っている。

それを調べ、読ませる。

次に「自分事」に関して。

彼女は、「〈みんなちがってみんないい〉を、スクールモットーと一緒に3Aのめあてにしてはどうか」ということを感想文の中に書いていたのだ。

そこで、「作者の思い」が「自分の生き方・考え方」につながっている書きぶりを取り上げる。その際、「反映する」という言葉を教える。

「3Aに反映させている」と。

反映するというのは、「自分の心に移っていく」「でんせんしていく」という意味だと子どもたちとやり取りしながら板書。

同じような表現で「影響がおよぶ」という言葉が出る。すかさずSが、「およぼす」の方がいいんじゃないの？とつぶやく。そこで、

・えいきょうをおよぼす。

・えいきょう○およぶ。

と書き、

「およぶ」なら○のところに入る言葉が変わってきます。と投げかける、子どもたちから「が」が出る。

すると「えいきょうする」でもいいんじゃない？と出てさらに板書。

・えいきょうをおよぼす。

・えいきょうがおよぶ。
・えいきょうする。
の三つが並ぶ。

「こういう一文字により言葉の使い方や意味が変わるものを〈助詞〉といいます。覚える必要はないけれど、このように一文字にこだわった話し合いができることが先生はとても嬉しいし、君たちは立派だと思う」

と褒める。

さらに続く言葉の学び。

「これだけYさんの感想から話が広がっていっているよね。これを〈派生する〉といいます」

私が「元」の話題から蜘蛛の巣のように広がる簡易な図解を描くとすかさず、

「それってマインドマップ?」とY。

「そう。君たちが四月にやったマインドマップそのものだ。今は授業自体がマインドマップのように広がっている状態なんだよ」と話す。

ここからが締め。

「今日の授業はYさんの感想がなければ始まらなかった。さらに君たちの様々なつぶやき、言葉へのこだわりがなかったらこれだけ派生しなかった。ということは、やっぱり〈授業〉というのは、一人でできるものかな?」

子どもたち「違う」

「だね。授業というのは〈みんな〉でつくるものだね」

と話し、板書。

「今日は国語の勉強をしているだけじゃない。いわば〈人生〉の勉強をしているんだ」

子どもたち、熱心に聞いている。

今日は学びの根幹に関わる素敵な時間だったと思う。

教材だけをこなしていては出てこない学びがそこにはあった。

「返却」の授業は、**一人ひとりの「書く」のアンテナを増やす授業**です。今回で言えば、「作品を自分の人生に、生活に反映させる書きぶり」を学ばせることが目的でした。

それとともに、**言葉の授業であり、学びを広い視野で扱う授業**なのです。

参考作品を配る

このときは作品は配布していませんが、多くは配布し、その作品を介しての授業となります。作品を配布したら、まずすぐにノートに貼らせます。そして黙読をさせながら自分で「イイナ」と思った箇所に線を引かせます。まずは仲間の作品からどんどん受け取っていかせるのです。その後、私が子どもたちとやり取りしながら解説します。

そのとき子どもたちはさらに線を追加して引いたり、やっぱりここか、と確認したりします。次の頁に掲載しているのは、六年生の一学期のノート。集約されて配布されたプリントが、ノートに見開き二ページを使って貼られています。「ペッタリ貼りしなさい」と声をかけています。

その後、自分の琴線に触れた記述に線を引き、まわりに感じたことや参考にしたい書きぶりなどを表した「ミニ解説」を入れます。ここには私が説明したことも入れれば、自分で考えたりネーミングしたりしたことも書き込まれます。

「書く力」を向上させるためには、当然様々に書かせることは大切ですが、**「質を上げるためのテコ入れ」も欠かせない**です。

それが返却時の授業なのです。返して終わり、ではないのです。

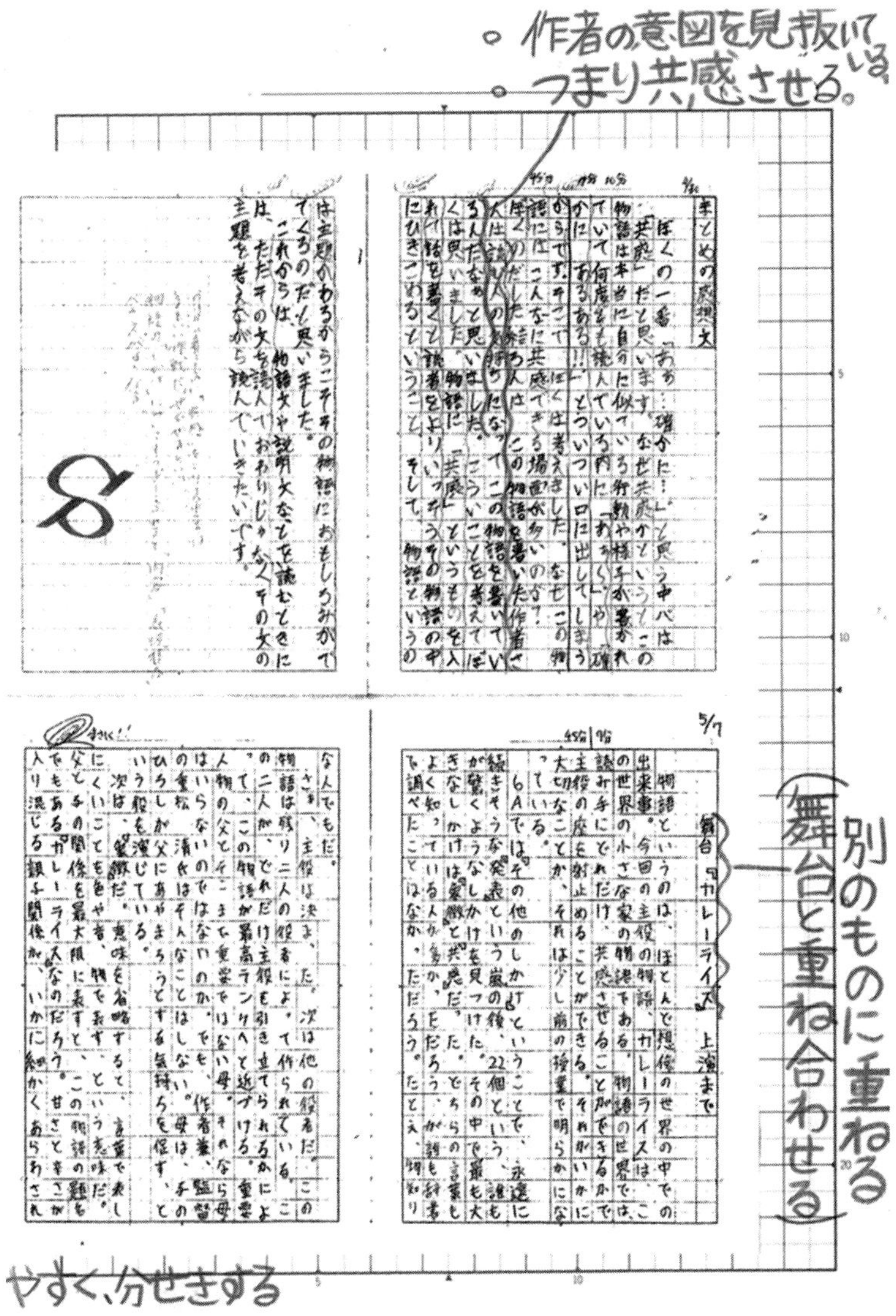
作者の意図を見抜いている。
つまり共感させる。
別のものに重ねる
舞台と重ね合わせる
やすく、分せきする

例を挙げて理由を述べる

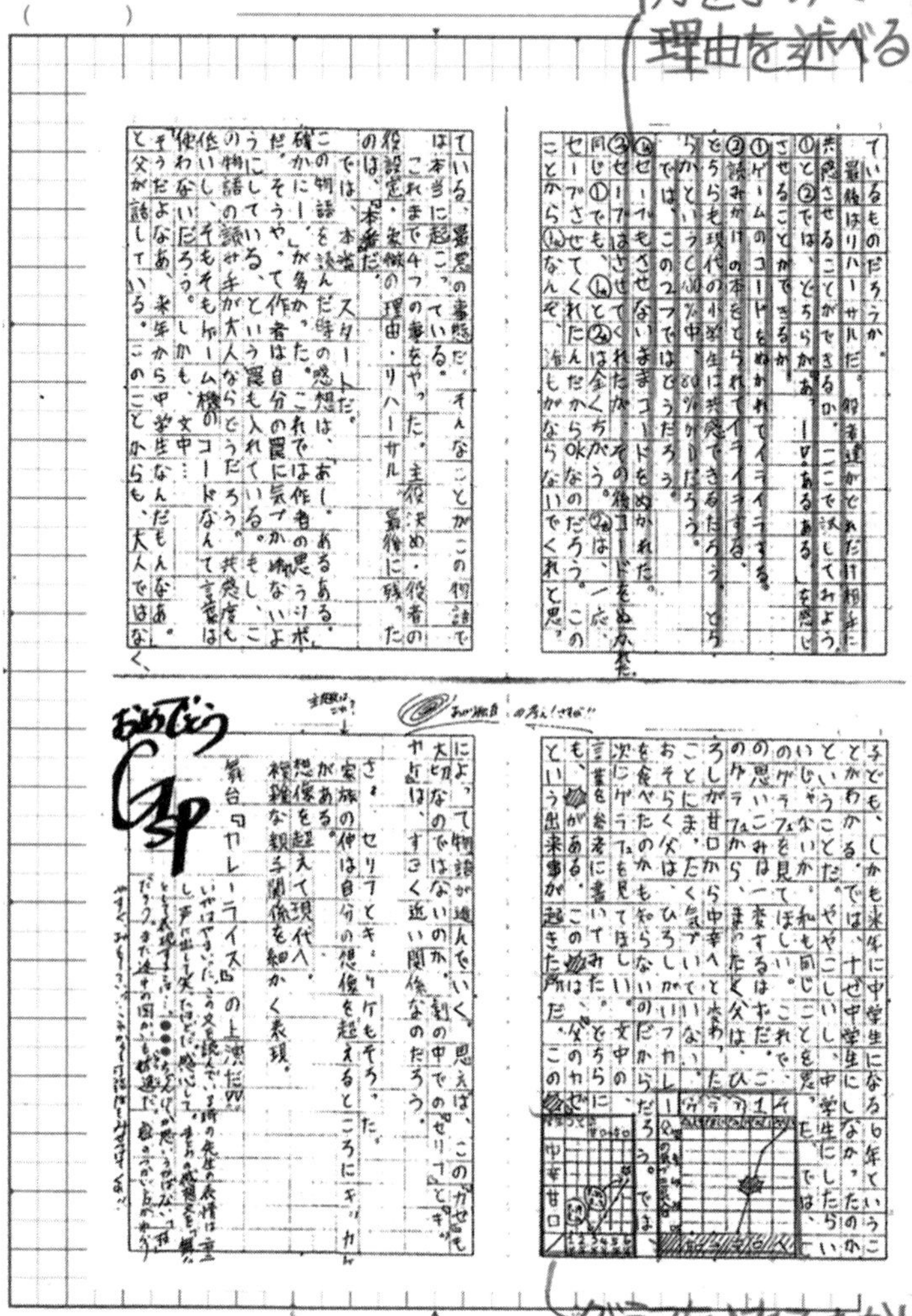

グラフを入れてわかり

33 ノートマイスター

ノートマイスター、いい響きですねえ。

私たちはノートの目利きにならなければなりません。

ノートマイスターは〝その子〟の些細な向上をノートの中から見つけます。

ノートマイスターは〝その子〟の変化をノートの紙面から見て取ります。

ノートマイスターは〝その子〟がこの文章を書いているときの家での様子をありありと想像できます。

ノートマイスターは重なって提出されたノートの束を見て全員提出されているか、数名の未提出がいるかがわかります（笑）。

では、そのマイスターになるために……。

よいフレーズを見つけようとする！

私たち教師は、生涯に恐ろしい数のノートを見ます（見るはずです）。

ここで知っておきたいのは、百冊見ても一万冊見ても「眺めている」だけでは一向に「ノートの目利き」にはならないこと。まず大切なのは、見るべき範囲の中で**「一つは何か光るフレーズを探そう」という意識**です。

正確に言うと、これを意識してノートを見ていると、自然とその子なりの光るフレーズが目に飛び込んでくるようになる、ということです。

ここで大切なのは「その子なりの」という部分です。一人ひとり書くことに対してもっている力は違います。その子なりの成長を担任は見て取っていかなければなりません。

言い換えれば、**担任だけがその子なりの成長を褒められる**のです。これは書くことに限ったことではありませんね。

字が汚かった子が丁寧に書いている。

文体がそろってきた。

描写を意識して書けるようになってきた。

可愛らしい言葉を使うなあ。

微笑ましいエピソードだなあ……。

観点は様々ですが、何か一つでもその子の作品の中にある素敵なフレーズ、よいフレーズを見つけて褒めてあげましょう。その部分に線を引いて返してあげましょう。

ノートと名前の往復

大量のノートを見るとき、つい惰性で見ていないでしょうか。どんどんコメントして大量のノートを評価していく。それはそうなのですがその際、「ノート」と「書いた子」がきちんとつながっているでしょうか。

ノートを見ることを急ぐあまり、取りあえず目の前の文章にコメントをし、サッと次のノートに行く……。文章はちゃんと読んでいるのだけれど、それを書いたのが誰かがきちんと押さえられていなければ、〝その子〟の「書くことカルテ」は頭の中に構築されていきません。これはあまりにももったいないことです。

大量の子どもの書いた文章を読むことは、その子その子の違いを知ることです。

何度もその子のノートを見ながら書きぶりをインプットしていき、次の指導に生かすのです。それが、〝その子に合った指導〟です。

まずノートを見る前に名前をしっかりと確認しましょう。

次にノートを見ます。

最終的に、もう一度その子の名前を意識し直します。あれ?となればもう一度名前を確認します。

名前のサンドイッチでノートを見る、ということです。

この繰り返しが「ノートマイスター」への道なのです。

34 〝元を取る〟感想の読み方を

子どもたちに毎日のように書かせる感想や振り返り。読んで一人ひとりにコメントを書く。毎日がその繰り返しです。それだけでも手一杯かもしれません。

いや、あえてこう言い換えるとしましょう。

それだけではもったいない。ついでにもう一つ〝仕事〟をするのです。見ながら自分のノートにメモしていきます。気付きを。

子どもたちはこういう書き方をするのか。クラスの子どもたちにこの子の書きぶりを広げたい。よいフレーズだなあ。

このようなことを自分のノートにメモしたり、ポメラ（キングジム）などの電子機器に打ち込んだりしておくのです。それをすぐに国語通信として発行することもありますし、そのままにしていることもあります。しかしこういうことを**何度も繰り返すことで確実に子どもの文章に対する目が肥えます**。

「目が肥える」とは、子どもの作文を読んでいるときによいフレーズが勝手に飛び込んでくる状態です。

「目が肥える」とは、その子の書きぶりが一段階上がったことを瞬時に見抜ける目をもつということです。

「目が肥える」とは、その子に指導しなければならないことが素早く実感できる状態です。

百、ノートに目を通しても一つも気付かない人と、百、ノートに目を通して十気付く人とでは、教師としての成長が違います。何かメモしよう、という態度でノートを見る行為を続ければ、自ずと気付きの量が増えます。ノートを見た数だけ気付いていくのです。せっかく眠い目をこすってノートを見ているのですから。

〝元を取る〟ノートの見方をするのです。

「出会いの感想文」や「まとめの感想文」といった大きな感想文以外にも、こうした日頃の感想文でも「琴線に触れること」をメモする習慣をもちましょう。

35 子どもたちに作品配達させる

子どもたちが書いたノートやワークシートを返却するときです。返却や振り分けなど時間がかかるときは、教師が自らやらなくてもよいシステムを考えます。

そう、子どもたちにさせるのです。

低学年なら「郵便局」を立ち上げてもよいでしょう。「設定」がモノを言います。子どもたちが色めき立つような**魅力的な「設定」が活動をスムーズに後押ししてくれます。**

郵便局、宅配便、振り分け大臣、何でも会社、スーパーエリート部隊……ふざけているように見えますが（笑）、子どもたちはノリノリでやってくれます。

このような部隊を発足させ、子どもたちに手伝ってもらうのです。

高学年なら直接〝理由〟を言ってもいいでしょう。

「先生はできるだけあなたたちの作品を見ることに時間を割きたい。だから配ったり、振り分けたり、名前の順に並べたりすることは協力してほしい。それをしてくれると先生としては本当に助かるんだ」

このとき有効なのは、誰かすでに手伝ってくれた後に話すと効果的だ、ということ。したがって、そのときは先の話に付け加えます。

「今日は○○さんと、○○君が振り分けをしてくれました。本当に助かる。ありがとう」

低学年も高学年も**教師自身の考えていること、本心をきちんと伝えることが大切**です。

低学年はある程度「設定」で動いてくれますが、高学年は「教師のねらい」などを〝ぶっちゃけて〟あげるほうがきちんと理解してくれる、ということです。

教育活動ではなんでも、**「教師がしなくてもよいこと」をしないのが続くコツであり、結果的に子どもたちに目を向ける一番大切な時間を増やすことにつながる**のです。

最後に念のため、教師自身が配ることが教育的に大切な場合はそうします。子どものプライベートに関わることとか、きちんと一人ひとりを把握するために配るとか、一人ずつあえてコメントしながら配るとか。要は**「今、何をねらっているのか」**ということです。

Part 5

〝もう一歩〟詰める書く指導

36 文章のファーストドリップにこだわる

コーヒーの最初に落ちた一滴を〝ファーストドリップ〟といいます。

それは一番美味しい一滴。

文章のファーストドリップ。それは「書き出し」です。

作文の中で一番美味しいのは「書き出し」です。この話はコーヒーを飲みながら昼下がりのカフェで子どもたちに語りたいところですが（笑）、「書き出しを工夫しよう」とか「書き出しで決まります」という前に、コーヒーの話から子どもたちにしてみてはどうですか。

作文指導は一人ひとりのモチベーションが大切です。

楽しく、素敵に演出してやることも指導の一環です。よいイメージで「書き出し」を意識させましょう。書きたくなる言葉、書くことが素敵なことと思える言葉や事例をたくさんもっておくことです。

では「書き出し」の指導の一例です。次のように様々な「書き出し」を子どもたちに提示し、選ばせ、なぜそれを選んだかを話させます。そうすることで、書き出しが「観点化」される。それをクラスの書き出し発見のルールにする。

①今日体育祭がありました。②ピストルの音がなった。③この卵焼きおいしいなあ。④「いけ～、白組！」⑤十月三日に体育祭がありました。⑥晩ご飯を食べ終わってからぼくは明日のリレーのことばかり考えていた。⑦まるで体育祭ではない体育祭だ。

その後は図書室で「書き出し探し」をしてそれを板書させて投票したり、自分たちの日記に付けた「書き出し」を板書させて投票したり……。いくらでも「書き出し」を意識させ、強化する展開は考えられるのです。

37 書き出し限定作文

書き出し限定作文。あらかじめ教師が書き出しを限定してその続きを書かせます。短作文や行事作文でも取り組めます。

左の写真の実践は、三年生。

連絡帳の最後の欄に「一言日記」を書かせていました。日記がマンネリ化しないように「書き出し限定一言日記」として取り組んだのです。

子どもたちにいろいろな書き方をしなさい、様々な観点で書きなさい、と直接伝えても、なかなか書きぶりは変わりません。そんなときに、こちらであらかじめ書き出しを限定すると、**子どもたちはその流れで書かなければならないものですから頭を使います。**

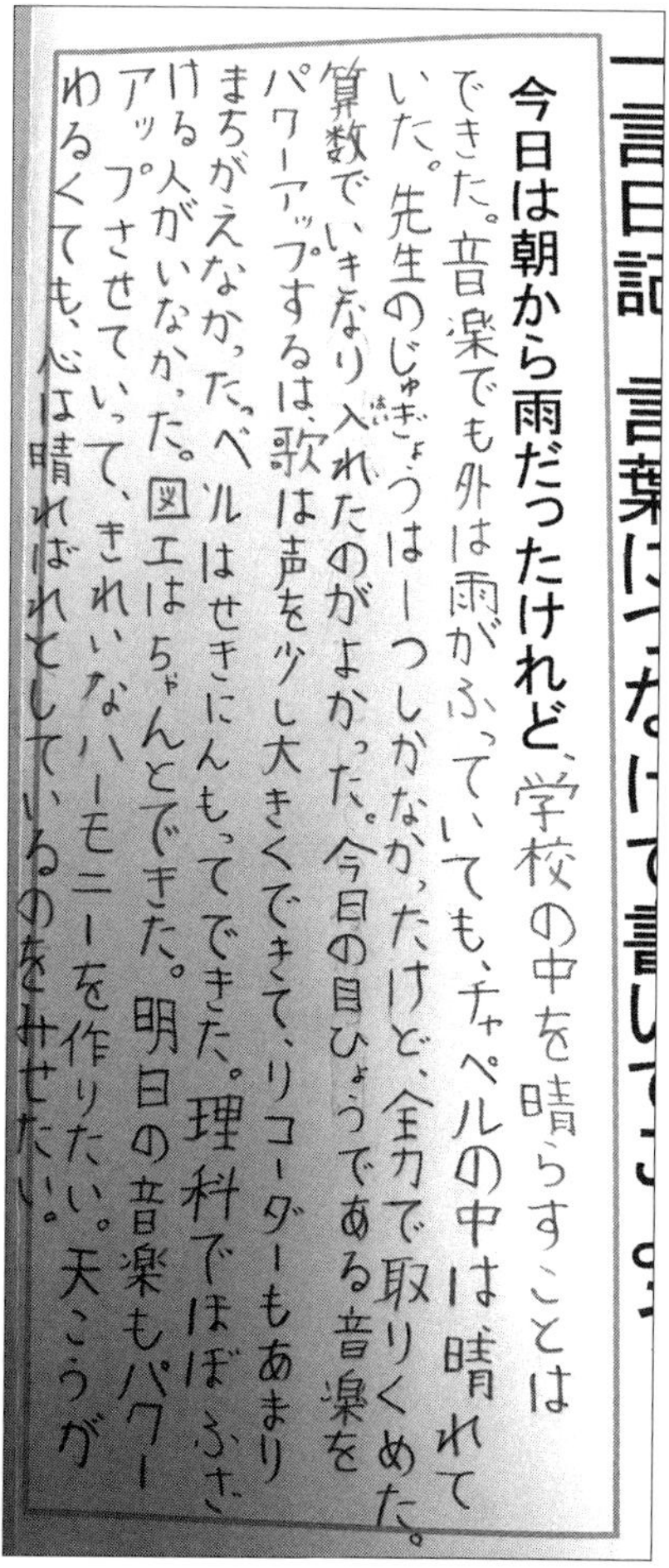

一言日記　言葉につなげて言してう

今日は朝から雨だったけれど、学校の中を晴らすことはできた。音楽でも外は雨がふっていても、チャペルの中は晴れていた。先生のじゅぎょうは一つしかなかったけど、全力で取りくめた。算数で、いきなり入れたのがよかった。今日の目ひょうである音楽をパワーアップするは、歌は声を少し大きくできて、リコーダーもあまりまちがえなかった。ベルはせきにんもってできた。理科でほぼふさける人がいなかった。図工はちゃんとできた。明日の音楽もパワーアップさせていって、きれいなハーモニーを作りたい。天こうがわるくても、心は晴ればれとしているのをみせたい。

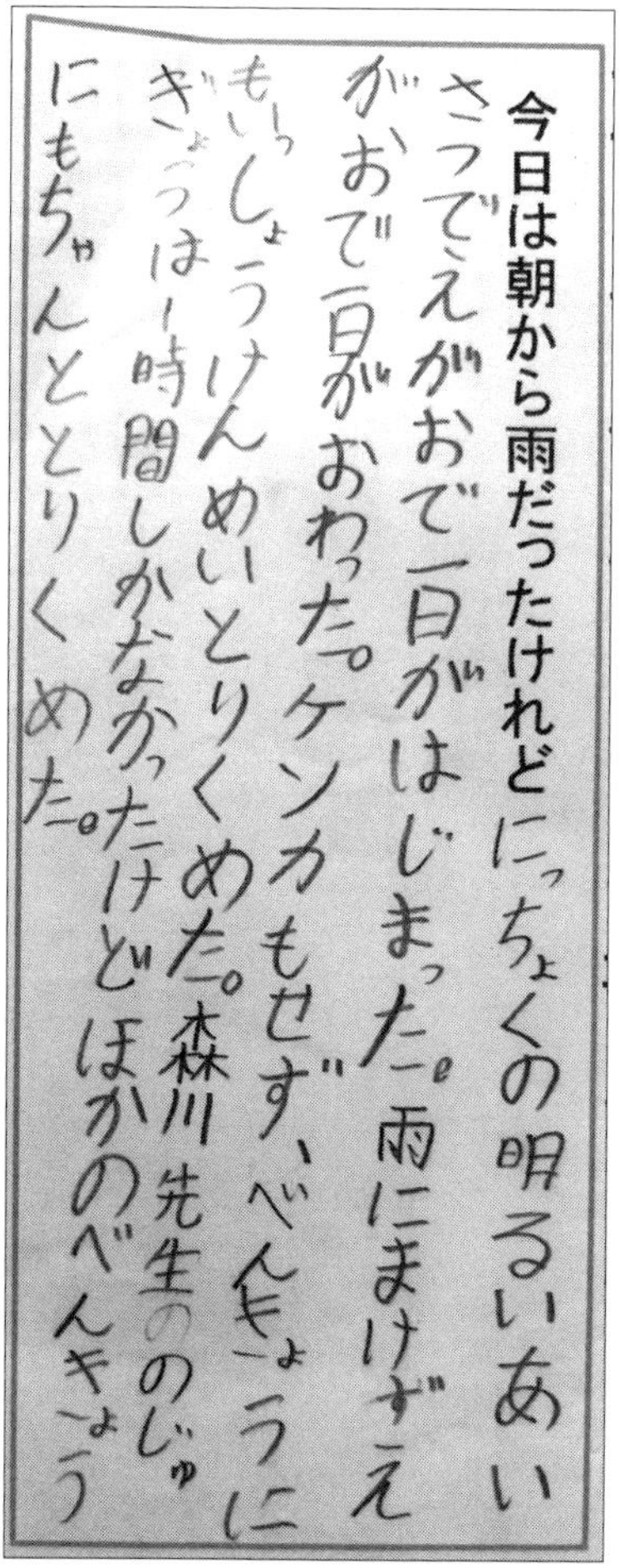

今日は朝から雨だったけれどにっちょくの明るいあいさつでえがおで一日がはじまった。雨にまけずえがおで一日がおわった。ケンカもせず、べんきょうにもいっしょうけんめいとりくめた。森川先生のじゅぎょうは１時間しかなかったけどほかのべんきょうにもちゃんととりくめた。

例えば、この事例のように「〜けれど」につなげて書かなければならない、となると、子どもたちの書きぶりは自然と「逆説的」になります。これは、決められた書き出しに続けて書かなければならない、という枷《かせ》のおかげで逆説的な書きぶりを自然と学んでいることになります。

子どもたちは**つなげて書いているうちに、「言葉・話の流れ」を意識し、体感することになる**のです。つまりこちらが**意図した書き出しを設定することで、論理的に話を進めていく練習になる**わけです。

また、書き終わった作品を読むときにも、「書き出しが一緒なのに、こんなにもその後の展開が違うのか〜」と子どもも教師も楽しめます。

今回の事例は連絡事項をプリントにして配るときに最後に欄を設けていたのですが、あらかじめ印刷物にしなくても、教師が板書し「今日の作文はこのフレーズに続けて書くよ〜。どんな展開になるか楽しみだなあ〜」と言って取り組ませれば、準備に時間がかかることもありません。

子どもたちには様々なバリエーションで書かせましょう。

38 「枷」をつくる

例えば書き出しを次のように設定して書かせます。

「こんな夢を見た」

夏目漱石『夢十夜』ふうの書き出しです。実際の夢十夜は子どもたちにとっては少し難しい気がしますが、六年生の子たちにはこういう文章のスタイルもある、ということで提示し、それに続けて書き出させます。また、

「国境の長いトンネルを抜けると雪国であった」

は、言わずと知れた川端康成の『雪国』の冒頭ですが、これが国民的に有名な「書き出し」になったことを踏まえて、印象に残る「書き出し」について掘り下げてもおもしろいです。

「この書き出しを真似してみよう」ですね。

もちろん書き出しは本編があるからこそ輝く、という部分がありますが、小学生対象には部分的に提示したり、部分的に捉えて教材化したりしてもよいと私は考えます。

さて、本項は「枷」の話。

作文を書かせるときにいつでも「出来事」ばかりを〝NO枷〟で書かせていても子どもたちを「書くこと」の観点から刺激できません。

そこに「枷」があるからその制約の中で逆に文章が洗練されていく。

「枷」は、子どもを書き手としてより輝かせます。

「枷」は、「ルール」とも捉えられます。効果的な枷は魅力的なルールとなるのです。

では、少し例を。

枷「200文字ピッタリで書きなさい」

「書くこと」を楽しんでいるクラスなら、これだけで子どもたちは色めき立ちます。「一文字でも減ったり、増えたりしてはいけません」と煽ります。

枷「文章中に色を三色入れなさい」

「色を連想させるものでも結構です」と付け加えます。一見、色とはわかりにくいものを入れてくる子もいます。

「興奮していた」↓赤
「悲しくなった」↓青

というように。このような子の発想は他の子を刺激します。ここでクラスで学んでいるよさが出ます。もちろんクラスに紹介します。

枷「お手紙を書きます」

例えば、物語文の読解で感想文を書かせる代わりに「お手紙」を書かせる。これは特に低学年には有効な場合があります。

しかしこの際も、さらに「あらすじは書かない」などと枷を加えます。

枷を入れていくということは、ルールを作るということであり、それは「焦点化する」ということに他なりません。

書いているときの子どもたちは笑顔です。

枷は、子どもを困らせません。知的追求の態度を生みます。枷は、子どもたちが挑戦したくなる姿勢を生みます。

書きたくてたまらなくなる「枷」を作り出しましょう。書くことで思考する「枷」を作り出しましょう。

書くことで文体を意識する「枷」を作り出しましょう。書くことで言葉を意識するような「枷」を作り出しましょう。

教科の学びの本質につながる「枷」を作り出しましょう。

「枷」をいかに設定するかで学びの意欲と、質が変わるのです。

39 「規定ポイント」付き短作文指導

「三行日記を書かせていますが、子どもたちの取り組みが毎日の報告のようになってしまってマンネリになってしまいます」という相談を受けました。短作文の取り組みの場合の〝マンネリ〟はすぐに打破できます。**様々な「規定」を付けて書かせていけばいいのです。**

①「書き出し」を教師のほうで規定

・「跳び箱を跳ぼうとしたときこう思いました」に続けて書いてきなさい。
・「（会話文）」でスタートさせなさい。
これも何回か続けたら次は「書き終わり」を指定します。

②「書き終わり」を教師のほうで規定

・「私は黙って階段を降り始めた」で終わるように書いてきなさい。

・「笑顔になった」で終わる日記にしなさい。

ここまでで「書き出し」と「書き終わり」を規定しました。次に「中」を規定します。

③「中」を教師のほうで規定

・文中に「オノマトペ」を入れてきなさい。

・文中に「比喩」を入れてきなさい。

・文中に「友達の名前」を入れてきなさい。

いくらでも〝規定ポイント〟はあります。さらに言うと、授業で学習したことの延長で「条件」を付けるのが効果的です。「授業で〝擬人法〟を学習したからそれを入れてくる」「授業で〝会話文〟を学習したからそれを入れてくる」…。

そのような練習を何度も何度も行うから、次第に学習した作文技能が身についていくのです。単作文を何度も何度も、毎日毎日書かせる。日記帳に書いてこさせればいいでしょう。

40 一発で意識する！ ビジュアル段落指導

次のイラストを子どもたちに見せました。子どもたち、いろいろな想像でいろいろなことを言いました。これだけでも一本授業ができそうです（笑）。

「どれも不正解です。これは作文の……」と言いながら次のイラストを見せました（次ページ）。

子どもたち、一気にヒートアップ！

班の体形で学習していましたので、手を挙げている班ごとにまわり、囁かせます。

正解がどんどん出ていきます。

その度に大歓声でした。

そう。これは「段落」です。

二枚目は段落がきちんと付いていて読みやすい、というイメージイラストなのです。

「きちんと段落があると読みやすい。でもみんなの作文の中には最初のイラストのようなものが多いよ。だから読みやすくするためにもっと文章を**デコボコにしなさい**」

そしてその日の宿題は「段落を付けて日記を書いてくること」。

次の日提出された日記で、「段落」が付いていれば評価を「A」としました。

作文指導は形式的になりがち。ときには**子どもたちには四の五の言わずにビジュアルで見せる、視覚化する方が大きな印象として残る**のです。

次の日の日記はほとんどすべての児童が「段落」を意識して書いてきました。

一度ビジュアル化すれば次からは「あのデコボコの授業」などと伝えやすくもなります。

子どもたちに提示するときにビジュアル化できないか考えてみるのも楽しい工夫です。

41 エキスパートを育てる

書き出しはサトウさん、描写力はサイトウ君、タイトルはサカシタさん……。

クラスの中で「エキスパート」を育成します。

私たち教師は、何度も子どもの作文やノートを見ています。そのうちに、この子はこの部分が優れているなあ、ということが見えてきます。

そこで、それをそのままにしない。

この子には書き出しの才能がある！と見るや、その子には「書き出し」に特化したアプローチを続けます。

「書き出しが秀逸だ」「今回も書き出しに感心してしまう」「書き出し名人の貫禄」などで

す。これで**その子は「書き出しに凝らざるを得ない」状態になる**わけです。

そうなれば、不思議と他の部分も伸びていきますし、そもそも書き出しの上手な子は文章センスそのものがあります。書き出しに特化してさらに自信をつけさせ、伸ばしてあげます。

大事なのはここから。〝エキスパートたち〟は、クラスの文章力の向上に一役買ってくれます。

「書き出しか。サトウさんに聞いておいで」と言えるのです。

「この文章のタイトル、サカシタさんならどうつける？」と皆の前で聞けるのです。

子ども（仲間）の中から出てきた意見は、強いパワーをもっています。**教師のトップダウンによる伝達よりも仲間の考えの方が浸透しやすい場合が多い**のです。

そうして各エキスパートが仲間に良い刺激を与えるようになってくると、俄然クラスの「書く集団」としての士気が高まってきます。

教師の周辺に、子ども代表としての「各部署のエキスパート」がスタンバイしている、二学期半ばくらいからそのような状態になるようにコツコツとテコ入れしていくのです。

42 尋常じゃないくらいタイトルに凝らせる

作文力を劇的に向上させる万能薬はありません。

しかし、一点突破式で〝部分〟を輝かせることはできます。その繰り返しで全体の質を向上させていくのです。

そこでまずは「タイトル」。

タイトルにこだわらせます。それも尋常じゃないくらいに。次のようなやり取りで指導していきます。

タイトルの指導

子どもたちに短冊を配ります（それにしても短冊は重宝する）。そして日記帳を出させ、次のように話します。

「一番新しい日記が書かれているページを開きなさい。その日記のタイトルを今配った短冊に写します」

子どもたちには、その後に何をするかを語らずに作業させます。そして、書かれた日記のタイトルを前（黒板）に貼りに来させます。そのタイトルに、私はおもむろに点数を付けていきます。「森川先生なりの点数です」と言いながら。

黒板には横一列に短冊。そしてその上に点数が並ぶことになります。点数は、100点満点で付けるほうがインパクトがあって効果的です。

30点、30点、30点と並んでいく中、80点が出ます。教室に歓声が起こります。

しばらくすると、子どもたちの中から「わかったー！」とか、「そうか〜」といった声が聞こえてきます。授業は子どもたちが自然と価値付けをする方向に持っていくことができればしめたもの。そこで教師は点数を付けるのを一旦止め、子どもたちの方を改めて見回し、ニコッとします（このニコッが肝心なのだ）。気の早い子は挙手しているでしょう。

挙手している子を指名します。

「格好いい書き出しです」「なんだか意外な感じがする……？」などと、子どもたちは感じたことを口にします。それを教師はカテゴライズして板書していきます。ここまでの流れで、点数の高かったタイトルと、その理由について全員で共有したことになります。

さらに、プロのタイトルを紹介し、詰めます。

『やさしく象にふまれたい』

『【至急】塩を止められて困っています【信玄】』

『人間にとってスイカとは何か』

『忍者ダイエット』

『超高速！参勤交代』

『パンダは25度以上で死ぬ!? 衝撃の1行雑学』

『神さま、そろそろカープに　優勝を』

『なまけものダイエットシリーズ1　息するだけダイエット』

『タイムスリップ聖徳太子』

『これからの「正義」の話をしよう』
『ハリー・ポッターと秘密の部屋』
『ビタミン』
『マグロは時速160キロで泳ぐ』
『これを英語で言えますか？』

これらはすべて実際の本のタイトル。これらも合わせて観点を追加し、まとめます。例えば以下のような観点が並びます。

【読みたくなるタイトルとは？】
・意外なものの組み合わせ
・セリフみたい
・体言止め（名前で終わる）
・呼びかけ形式

・パロディ
・ものすごくシンプル
・うんちく（お！と思う知識）
・登場人物の名前

教師も常に意識を

書店に行けば、「あ、このタイトルいいな〜」「やられた〜」といった感覚で教師自身も日常からタイトルに意識を向けた生活をしていると、随分といろいろなタイトルが目に飛び込んでくるものです。そして発見したときはメモ。

一点突破指導は子どもの書き手としての士気も高め、具体的な変容も望める指導なのです。

43

「ネーミング」を教える

P.217で紹介している子どもの感想に、次の一節があります。

M：（松井さんの行為は「やさしさ」ではなく、「当たり前」という話から）〝本当の基準〟を学んだ気がした。

この中の「本当の基準」という言葉。これはこの子があまんさんの話の内容、考え方を「ネーミング」した言葉です（P.215参照）。

「話し方」でも「書き方」でもそうですが、話しぶり、書きぶりの随所に「ネーミング」

を入れると、途端に話に楔が打たれることになり、わかりやすくなります。「ネーミング」することで、聞いている側（読んでいる側も）の頭に整理されて届くイメージです。

高学年になるとこのように、「いかに相手に届くか・届けるか」という強い相手意識をもって話させたり、書かせたりすることが大切です。

私も実は講演の際、話の区切り区切りに「ネーミング」を入れて話しています。聞いてくださっている人が、一斉にそこでメモを取るのが肌でわかります。

「ネーミング」は聞き手の（読み手の）思考の整理を助けるのです。

教科書以外の、子どもたちにとって大切だと自分が思う指導事項についてはどんどん入れていきましょう。そのときは、**短いコンテンツでバンバンと大切なことを投げ入れていきます**。

そのときだけで全員に理解させるというイメージではなく、まず導入し、何度も経験させ褒め、押さえていく。今回ならば「ネーミング」をしてきた子をその都度取り上げて褒め、ときとしてその部分の作品やノートをコピーして印刷し、全員に配り、ノートに貼らせます。

教科書の教材を使って教えること以外の重要コンテンツは、このような流れでクラス中に浸透させていきます。

実際に、子どもたちに指導する際は一度全員でやってみるのがよいでしょう。教師が例題を出すのです。

「毎日毎日四つ葉が先生の机の上に届けられています。届けてくれている人はまるで（　　　）だね」

このようにまずは「比喩」的なものとして捉えさせてつくらせてもよいでしょう。

次頁は、実際の六年生の子のノートです。『「鳥獣戯画」を読む』（光村図書）の学習で座談会をした際の授業の振り返りの一部です。最後の行に、「私はこれを『十二世紀同音異義語論争』と名付けた」とあります。

実際に、子どもたちの中から「ネーミング」を使う子が現れた際は小躍りして喜びます（笑）。そしてすぐに紹介します。仲間が書いているものほど、見本として実感できるものはありません。

⑦と⑧の間の人の意見で、どちらも「十二世紀」

が入っているから、とあった。これについて反論が出た。十二世紀は十二世紀でも視点がちがう。⑧の方は、十二世紀、かかれた頃からみた今である。未来につながっているよ、みたいなニュアンスだ。⑨は今から十二世紀をみている。ほら、こんなに昔から続いてるんだよ、というニュアンス。全く違うものとなって見えただろう。だから日本語は難しい。私はこれを「十二世紀同音異義語論争」と名付けた。

44

時間は腕時計で計る

言葉集めや作文、感想文などを子どもたちに書かせています。終了の合図をストップウォッチにさせていませんか。キッチンタイマーのような〝ピピピ……〟と鳴るものを黒板に貼ってそれで時間を知らせている教室をよく見かけます。

しかしその一見何気ない行為が、子どもたちを〝潰している〟かもしれないことに気付かなければなりません。なかなか書き出せなかった子が、いざ書こうとしたときに鳴ったら？

書くことが苦手な子が昨日は箇条書きを五つ書いていた。今日はあと十秒あれば六個目に行ける。そんなときもタイマーは容赦なくピピピ……と鳴ります（当たり前ですが）。

ここでの担任の仕事は、「あと十秒待てば昨日を越えられる。よし、もう少し延長しよう」と考えて時間を操作することです。そんな繊細な場面をストップウォッチに任せる…よく考えたらあり得ませんよね。


時間は教師がコントロールするのです。


きっちりと時間通りに書かせる場面でないならば、正確な五分、機械的な五分はそこに必要ないのです。この場合、時間は子どものために計っているのですから。

教師の取る行為には意味があります。意味がなくてはなりません。

三分で箇条書きで気付いたことを書かせよう、という活動を組むならば、「三分前後のせめぎ合い」が担任の先生の心の中で起こっていなければならないのです。

A君は昨日よりも書けたかな。

Bさんは今日は書き出しているかな。

C君は丁寧に書いているかな。もしそうでないなら、少し時間を取って一つでも書き直しをさせないとな。

このように、一人ずつ、**《支援の必要な子どもの顔と状況×「時間」》のせめぎ合いが起**

こっているはずなのです。

ストップウォッチを押すことが、教師の仕事ではないのです。

「タイマーが鳴ったら終了です」

この指示は危険なのです。もしタイマーを使う場合には次の三種類の使い方が考えられます。

① そのまま使う

子どもに最後までタイムが表示され終了がわかる場合です。そのままの使い方ですね。合図が鳴る場合もあるでしょう。ただ、「書く」というシーンにおいて、私はこのケースはほとんどありません。あるとすれば、「作文問題」を出し、わざと試験のように書かせてみる場合くらいです。

② 視界から最後に消す

終盤までタイムを表示しておき、終了間際になったら子どもの視界から消します。

③ 教師の手元で使う

タイマーを使いますが、教師だけが時間をわかるように手元に持っておきます。「開始」と「終了」の合図を教師がし、子どもはどのくらい時間がたったかは教室の掛け時計で確認します。この使い方のメリットは、クラスの子どもに合わせて教師が時間を調整できる点です。

机間巡視をしていて書くことが苦手なA君があと少しで書ける、昨日よりも多く書ける、というときにタイマーに従って「ストップ！」と言うことに何の意味もありません。ましてや、何も考えずにいつもいつも教室にピピピ……とタイマーの音を響かせている人は、自分の頭で考えていない人です。A君の書きぶりに合わせて終了の合図を出すのが③の使い方です。

「書くこと指導」においては、ほとんど私は③のケースです。

「時間」は、教師自身がそのクラスの子に合わせてコントロールすることが〈指導〉です。

ピピピ……とタイマーの音に大事な「終了」の合図を任せていてはいけません。「終了」の合図も、教師の意図した〈仕事〉でなければならないのです。

45
全体指導と個別指導をつなぐ
“ちょっとした詰め”

図工展のクラス鑑賞が終わった後、教室に戻ってきて六年生の子どもたちに話し始めます。子どもたちは今から「感想」を書くことを知っています。

教　師：さて…と、藤崎さん。
藤　崎：はい。
教　師：今から図工展の感想カードを書くわけだけれども、よくない感想文の見本を言いなさい。
藤　崎：すごかった。

教　師：その通り。
細　川：そうやん。
教　師：そうだ。そこだな。
子どもたち：理由を書かないと。詳しく書かないと。
教　師：そう。何がすごいかを書くのが作文。すごかった。よかったで終わらないこと。

これは実際に子どもたちと交わしたやり取りです。時間にして数十秒。本当にちょっとしたやり取りです。しかし、このようなことを瞬間的にでもきちんと押さえておくかそうでないかでは雲泥の差になります。一年後に。

こういった**「ちょっとした詰め」の積み重ねが、ちょっとではない「大きな差」となる**のです。

少し時間をさかのぼると…図工展鑑賞をした体育館では、メモしている子を写真撮影。同時に「お、イラストも一緒につけているのか～」と聞こえるつぶやき。

そして書くときに何人か突出してくるであろう子に「評論家になれよ」「遠慮せずにいつもの文体で書けよ」と声かけしておきます。

教室に場面を戻します。

大きな字で高速で書いている子に、「君だけやで。そんなに急いで書いているの。みんな落ち着いてすごく書いている。ちょっと一緒に散歩しよう」と言って教室内を一緒に散歩します。

これで他の子はますます頑張って書くようになります。

彼を連れながら「ほら、○○は図を描いている」とか、「みっちり書いている」などと解説していきます。

解説しつつ……まわりの子のやる気も上げているわけです。

ここまで詰めるのが、それぞれの教室だけの「書くこと指導」なのです。**担任が自分のクラスのそれぞれの子の〝書くことステージ〟を把握しているからこそできる指導**です。

さらに、この後、熱意をもって書けている子、詳細に書けている子、描写豊かに書けている子を教師が取り上げて読んだり、読ませたりします。

作文させるときは、全体指導の合間に個別指導をうまく挟んで細部を詰め、それをさらに全体に広げていくのです。

46 書くこと広告!?

バスのつり革や電車の吊り広告、スーパー銭湯のロッカーの扉……。

町中では様々な場所に広告があります。

「書くこと指導」に広告はあるのでしょうか？

あります（笑）。

例えば学級通信。学級通信に行事予定や子どもたちの様子を載せているとして、紙面の端のほうに、「書くときには段落を付けよう」などと書くのです。「段落」を学習した際に行うのが効果的。**新聞やインターネットのバナー広告のように担任の先生から読者である子どもたちに向かって「学習の広告」を出す**のです。

それから、子どもたちが広告を出す場合。

〝会社の子たち〟に関わらせます。例えば、新聞社やテレビ局などと銘打って会社活動をしている子たちを招集します。そして、いずれの会社の名誉会長でもある（私ですね。笑）、担任の先生からのお願いを聞いてもらうのです。

教　師：ちょっと先生困っているんだけれど、君たちに会社として協力してほしいことがあるんです。

子ども：え？　なんですか（目の色が輝く）？

教　師：…段落が…。

子ども：へ？

教　師：だから段落……。

子ども：わかりました！　先生が前に言ってた、段落付いてない人が多いってやつ？

教　師：そう！　それに今困っているのよ。段落付けずに日記を書いてきている子が多くて…これが先生の悩みなのよ。そこで…！

子ども：新聞会社で記事にしてほしい！ってことですね？

教　師：さよう！　やってもらえますやろか？（↑どこの人？）

という具合です（笑）。

広告とはちょっと違いますが、新聞記事の中に入れてもらう。テレビ局をしている子に、ニュースの中で取り上げてもらう。子どもたちの中から提案されることは教師が伝達するのとはまた違った主体性を生み、子どもたちもより聞き入れやすくなります。

そしてもちろん、このような学習に対する姿勢を会社や係の子が自ら扱ってクラスの仲間に周知するようになることがベストなのは言うまでもありません。

これらは「書く指導」に限ったことではありませんが、要は常に目に触れる形にして意識させるという方法です。まあ…ここまでくれば教師の気概ですね。

出発点は**なんとしても子どもたちにこれを意識してほしい、身につけてほしい、そのような熱き気概**です。

ちょっとおもしろい「学習の広告」、始めてみませんか。

47 アクティブ推敲指導

推敲指導のイメージが変わる話をします。

推敲というと、机の上で書いた文章とにらめっこし、作り替えていくイメージがありますが、それは子どもたちにとって結構苦痛なことです（大人もですが…笑）。

一度書いたものをあれこれと改造するのは忍耐がいります。そうではなく、**次の書きぶりを変えていくための推敲**をオススメします。それは……起立して読ませるのです。作文や日記を。

やり方を示します。

教　師：それでは皆さんが書いた音楽会の作文を今から返却します。配られたら起立してその場ではっきりとした口調で読みなさい。二分読んだところでストップをかけます。では、はじめ。（二分経過）

教　師：ストップ。では、座ります。ノートに「困ったこと」を箇条書きで書き出しなさい。書いたものの中から一つ発表します。（端から順番に当てて、発言させていく）

子ども：読みにくいです（笑）。

子ども：書き出しが単純でした。

子ども：句読点がないから読みにくいです。

子ども：セリフが多すぎて話がわかりにくいです。

子ども：文体がそろっていません。

教　師：では、次に作文を書くときは今発表した「困ったこと」をなくすように書きなさい。

実際に声に出して読んでみると、黙読して「読んだ気になっていた」ときよりも具体的な〝困り感〟が見えてきます。次に書かせるときは、作文用紙に少し細工をして**「気を付けるポイント」を明記させる欄を設けてそこに記入させてから書かせる**とより効果的です。

最後に、子どもたちがこうした「困ったこと」を言うためにはそもそも作文の観点が頭に入っていることが大切。段落意識、会話文、文体、書き出しや書き終わりの工夫……などです。

Part 6

書く力が格段にアップする評価

48 作文中の教師の目
―机間指導「三つの目」―

教師は子どもたちに文章を書かせている間、「三つの目」でもって机間巡視・机間指導をしなければなりません。ここでいう文章とは、授業中に書かせる意見、感想などの文章を指します。

1.「実態把握」の目

これは、「誰が書けていないか」ということです。子どもたちに書くことを促した後、机間巡視をし、〝フリーズ〟している子がいないか確認します。また、子どもたちに「困っている人は手を挙げてね。先生が行きます」と声をかけます。

当たり前ですが授業は「全員参加」が保障され、「全員理解」へと導く行為です。そのために子どもたちに書くことを促したら、まずは「書けない子」「書き出せない子」に意識を向けます。担任なら時間を経過すれば、まず誰に配慮すべきか、誰に声をかけるべきかが見えてくるはず。その子のところへ行って、ちょっとつぶやいてあげる。指で教科書のポイントとなる箇所を指し示してあげる。他の子へのつぶやきをわざと大きくして困っている子たちへのヒントとする……などなど、様々な支援の手を打っていくのです。

2.「授業進行」の目

教師が思う「書いてほしい内容」を書いている子は、誰かを探します。反対に「的が外れたこと」を書いている子、また、皆の書きぶりの大体の傾向を教室を回りながらつかみます。そして、つかんだことは、その後の授業進行に反映させます。

クラスの大勢が「書かせたいこと」を書いているような状態の場合、これから読み取っていく、という授業真っただ中の場合ならば、その課題が少しやさしかったと受け取ることができます。反対に、ほとんどの子が的外れなことを書いている場合、その課題がうまく子どもたちの実態とかみ合っていないと受け取ることができ、補助発問を入れなければならないかもしれません。

3．「授業のおもしろみ」の目

クラスの中には、「教師の予想もしなかったこと」を書いている子が一割ほどいるもの。そのような一見奇抜だけど、授業にうまく持ち込めば授業の盛り上がりを期待できる、そういった書きぶりも余裕があれば探しておきます。正確には「探しておく」という状態から、「自然と自分にストックされる」という状態にもっていきます。

〝やんちゃな意見〟は、授業の熱を上げます。特に「討論」や「座談会」のような授業形態のときは、そのような意見がよい起爆剤となります。全くの的外れではない、でもちょっと尖りすぎている、といった意見も大事にしましょう。

例えば『海の命』（六年生教材）において、最後に主人公太一は巨大な海の主「クエ」を銛で打てたのに打たなかったのですが、クラスのある子が「父を殺したかもしれないクエですよ。やっぱり、どうしても打たないと気が済まないんじゃないかとぼくは思うんです」と言い出しました。

それに対し、別の子が「最初はその気持ちはあったけれど、それまでの様々なことがあって、クエを尊敬した、リスペクトしているからやっぱり打たない」という旨の意見を出しました（実際は、この紙面で簡潔に説明できるような内容ではなかったのですが……）。

要は、**一見それまでの話し合いの流れを無視したように見える発言でも、きちんと根拠があって説明できるなら、そういう意見は大きな起爆剤になる、もう一度自分たちの話し合いを俯瞰するよい機会になる、**そのように思います。

だから、「授業はおもしろい」。授業のおもしろみをもたらしてくれる意見も、アンテナを立てて見つけておくことをオススメします。

最後に蛇足かもしれませんが、そのような意見、書きぶりを拾うにはやはり「教材研究」が大切です。何度も読み、意見を仲間の教師や家族と交わし、思ったことを教材に書き込み、子どもの「出会いの感想文」の内容も頭に入れ、**常に教材と真摯に向き合っていること**。それがその教材に対しての〝思い入れ〟を生み、授業に熱さをもたらすのです。

「三つの目」の意識は、さらに細かい「目」を育みます。

教師は書かせたら終了、ではありません。むしろそこからが勝負です。常に眼球運動し、個々の子どもたちの様子を把握しようと努める必要があるのです。

49 単元別評価表をつくる

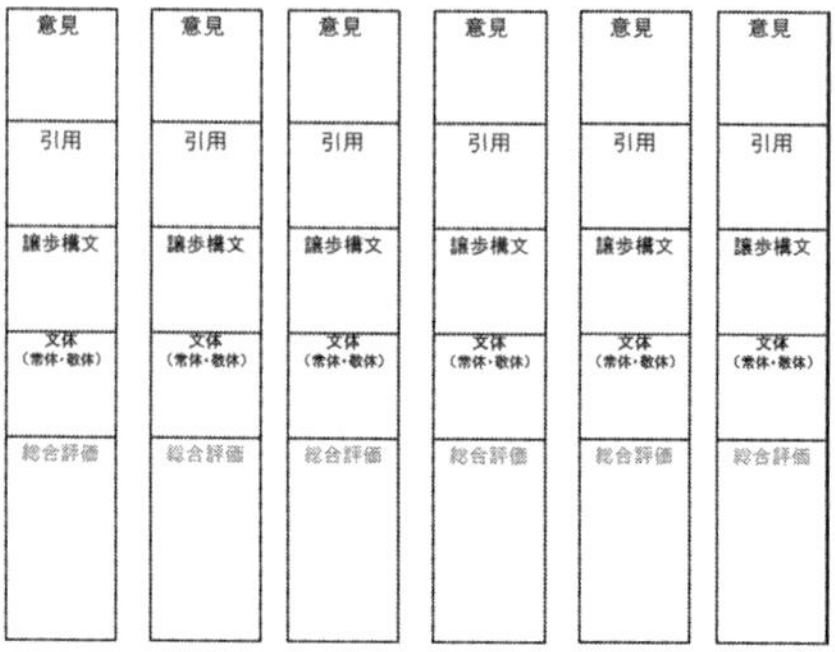

その単元で身に付けさせたい指導事項をそのまま評価項目にし、評価表をつくります。

作成に時間はかかりません。写真はパワーポイントで作成したもので、六年生に意見文を書かせたときの単元のものです。単元が変わればこの評価表をコピーして文言を少し入れ替えるだけ。一項目25点。

このときの子どもたちに提示した新しい学びは「譲歩構文」でした。そこで、評価項目の三番目にそれが入っています。ここに、別の学年や別の単元では「比喩」が入ったり、「額縁構造」が入ったりするわけです。

切り分けた「個表」を個人に配り、文章の最後に貼らせます。子どもたちは自分の文章に何が足りなかったか一目瞭然。

これらの評価項目は、子ども自身に使わせ、確認させる目的もありますが、用語として登場させてほしい場合もあります。つまり、「こういうことを学んだ」という振り返りなどを書かせる際に、内容にちゃんと「額縁構造」という言葉を入れてね、という意図の場合です。

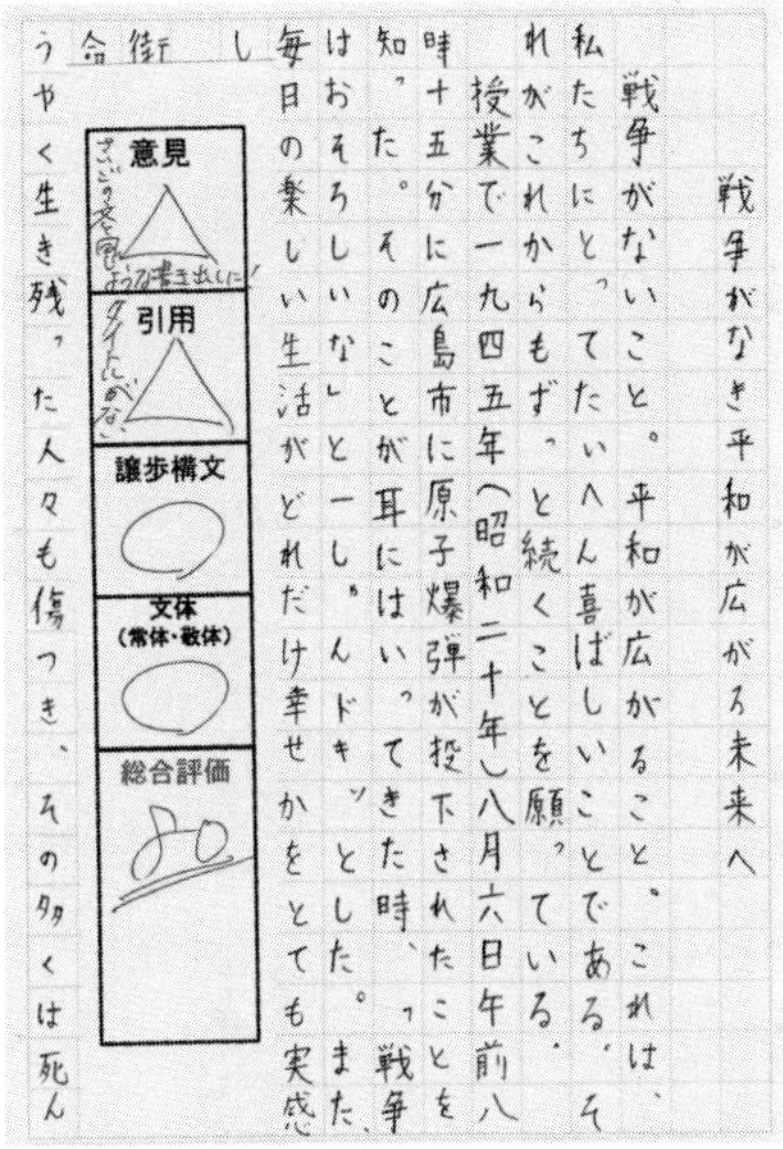
戦争がなき平和が広がる未来へ
戦争がないこと。平和が広がること。これは、
私たちにとってたいへん喜ばしいことである。そ
れがこれからもずっと続くことを願っている。
授業で一九四五年（昭和二十年）八月六日午前八
時十五分に広島市に原子爆弾が投下されたことを
知った。そのことが耳にはいってきた時、「戦争
はおそろしいな」と一しゅんドキッとした。また、
毎日の楽しい生活がどれだけ幸せかをとても実感
うやく生き残った人々も傷つき、その多くは死ん
意見
引用
譲歩構文
文体（常体・敬体）
総合評価
80

もちろん敢えて項目に入れずに自然と書かれているか、を見る場合もあります。「単元別評価表」、文言を指導事項により変えてその都度クラスの子たちに合った評価をしていくために重宝します。

50 「書かれたもの」は教師が読む

「書かれたもの」の扱いです。

基本的に子どもが頑張って書いた作文やノート、日記は教師が読みます。**教師が読むから伝わる**のです。本人にも、まわりの子たちにも。

学習面で多くの支援を要する子が一生懸命に作文を書いたとします。それを「よし、よく頑張った。では、読んでみてごらん」と声をかけて、全員の前で読ませるのは、マイナスの状況を生みかねません。

字が汚くて読み進められない。

文法が間違いだらけで意味が通りにくい。

いきなり終了してしまう。

など、読んでもらったときに、いろいろな要素が露呈してしまうことが考えられます。

だから、教師が（担任が）読む。

少し事前に目を通しておいてスラスラと読む。

「これ、なんて書いてあるの？　もう～読むの苦労するんですけど！」と、逆にユーモアも交えながら読むこともあるでしょう。

いきなり終わる作文に対して「いきなり終わる作文集」として、ユーモアを交えながら紹介します。

「あのさ、今まで作文を書くことに苦労していたタナカ君が、書き切りました。ちょっと意味が通りにくいところもあるかもしれないけれど、みんな、一生懸命に聞いてあげてな」と前置きをして読む。

このように教師なら、いくらでも配慮して読むことができるのです。

その子に合った紹介の仕方を配慮できるのがその子を担任（担当）している、ということなのです。

51 日記の「読み聞かせ」で学級経営

日記や短作文は書く力、表現力を育むのはもちろんのこと、学級経営の柱となります。その要素は書かせた後、にあります。「作品の読み聞かせ」です。

教師が子どもたちの日記や作文を子どもたちに笑顔たっぷりで読み聞かせます。読み方は後述しますが、朝の会などでダラダラと話をしてしまうくらいならば、子どもの日記を読むほうが有意義です。ここでは子どもに読ませることはしません。そうするとリズムが狂うからです。**先生がリズムよく読むからこそ、その子の作品が生きてくる**のです。

とはいえ、教師が読んでも注目されるのは教師ではありません。

想像してください。子どもの作品を読んでいるとき、子どもたちは読まれている子の顔を見ますよね。教師が読んでも、注目されているのはちゃんと書いた本人なのです。教師は作品にツッコミを入れながら読みます。「さて、やはりこの人の作品は書き出しから一味も二味も違います。いきます」と言いながら、書き出しが上手な子の作品を読む。「一瞬で終了しますので、お気を付けください」と言いながら、短い日記を三連発で読む。これらのように**「ひと言入れながら読む」ことで、その子の日記が生きてきます。**先ほどの「一瞬で〜」のくだりは、半分皮肉で言っているのですが、当の本人は「いやぁ」とか言ってなんだか嬉しそうです（笑）。

「作品の読み聞かせ」は、楽しい空間の中で行うことが大切です。

次第に子どもたちの中からは「先生、○○君の読んで！」とか「それは○○さんの日記じゃないの？」「今の（作品）○○ちゃんっぽい！」といった声が上がります。だから教師は作者名を明かさずに読んだり、書きぶりを強調して子どもたちに当てさせたりといった紹介の仕方もします。

「書きぶり」が話題に上がる。**「書きぶり」で仲間を思い浮かべるなんて素敵**じゃないですか。そこには温かな空気が流れています。日記や短作文の読み聞かせは、その子への評価になるとともに、温かな学級をつくる時間を演出してくれるのです。

52 テンポのよい「読み聞かせ」でカテゴライズする

作文や日記を子どもたちに読み聞かせることの重要性は前述しました。学級経営上の重要性ですね。

本項は、日記や短作文をテンポよく読み聞かせて「書くこと」指導をしよう、という話です。

テンポのよい読み聞かせは「部分読み聞かせ」が有効です。

観点別に様々なよさをもった作品をあらかじめ用意しておき、その良さの部分だけをどんどん読み聞かせしていくのです。

では、作品と実際のコメントを見ていきましょう。写真は六年生が取り組んだ遠足絵日

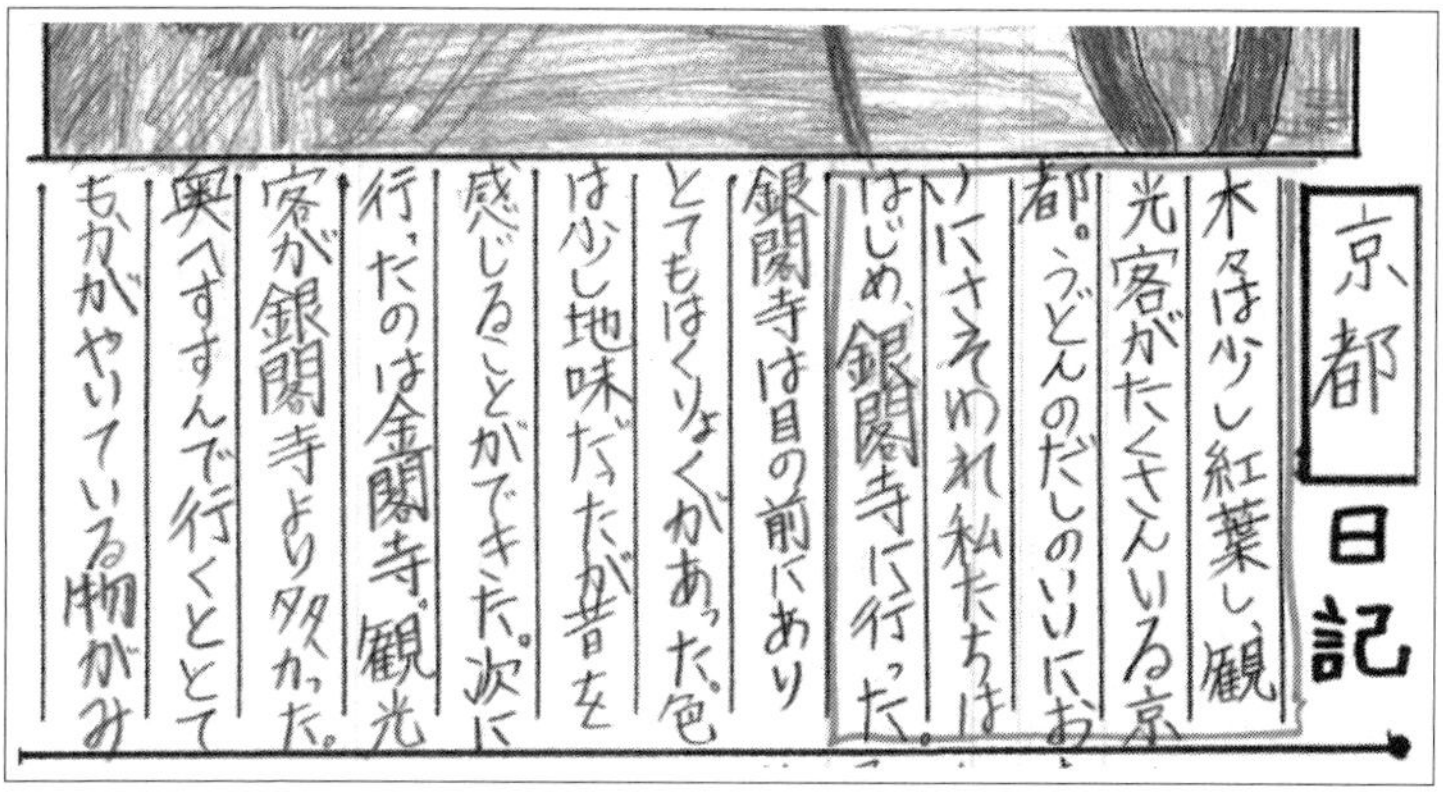

記（P.79参照）です。Ａ４サイズの絵日記用紙を配って書かせたものです。その絵日記を返却する前にいくつかの作品を紹介します。その方法が、「作品のよいところを一点に絞って矢継ぎ早に読み聞かせをしていく」というものです。

　私の手元にはコピーしてホチキスで留めた作品があり、各作品の紹介する部分に赤で囲みを入れています。それが読み聞かせ前の下準備です。

教　師：それでは、いくつか紹介してから返しますね。まずは○○さん。最初から読んでみます。

（書き出しを読む）

何がいい？

子ども：書き出し。何か格好いい。

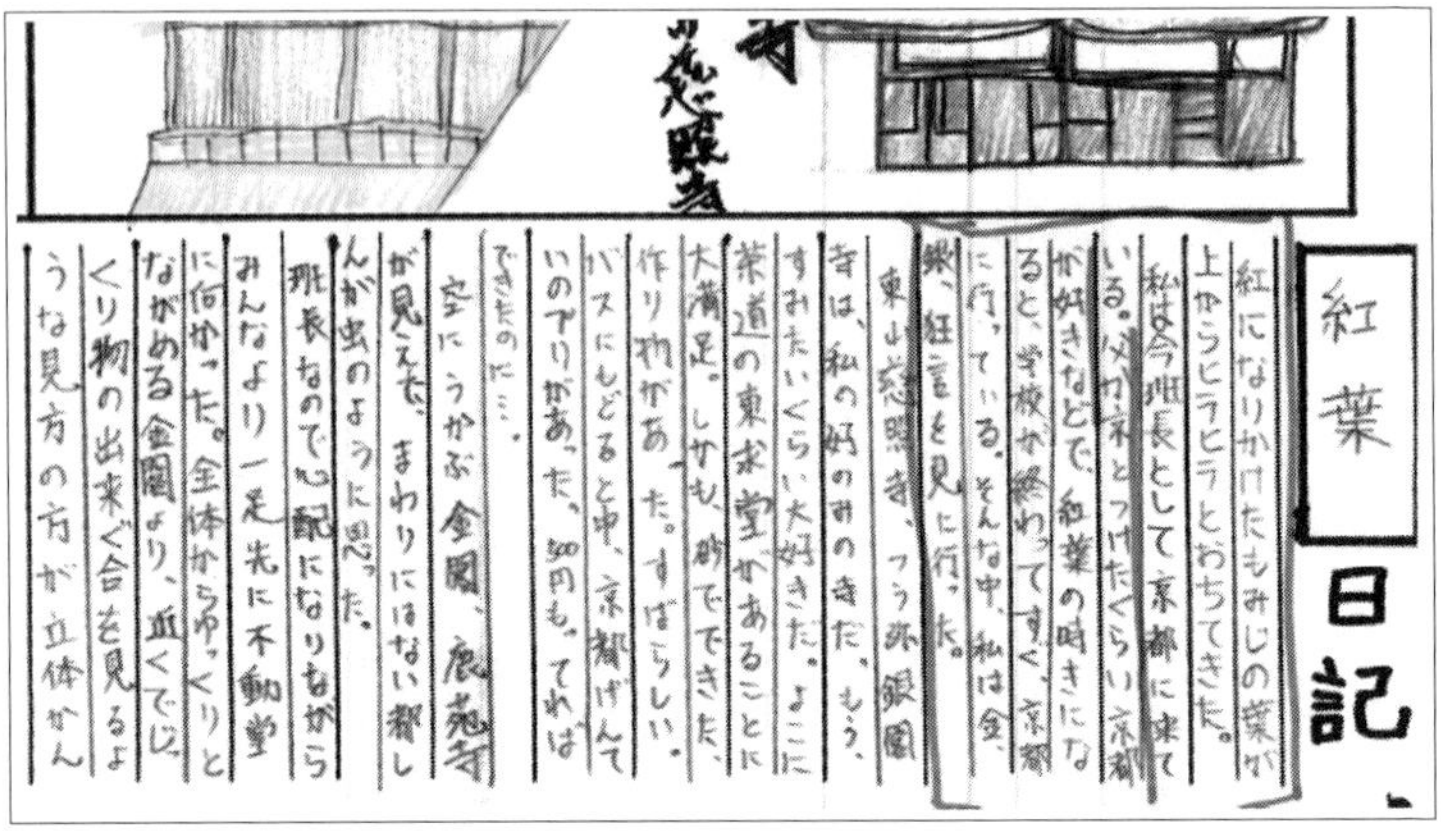

教　師：そう。書き出しが格好いい。これは「書き出しが格好いい系」だね。

教　師：（次の作品　最初の囲みの部分読む）

これはどう？

子ども：自分のことを書いている。

教　師：だね。何系にする？

子ども：今までのエピソードというか……。

教　師：よし、「今までの経験系」にしよう。

教　師：書き出しの格好よさ、自分の経験と来て、はい、ここでこんなの来るよ〜。いい？

（と、ためておいて次の作品（次頁）へ…）

「これ何円分の金ぱく？」

子ども：（爆笑）

教　師：すごいね。ありだよね。何系？

子ども：「ユーモア系」！

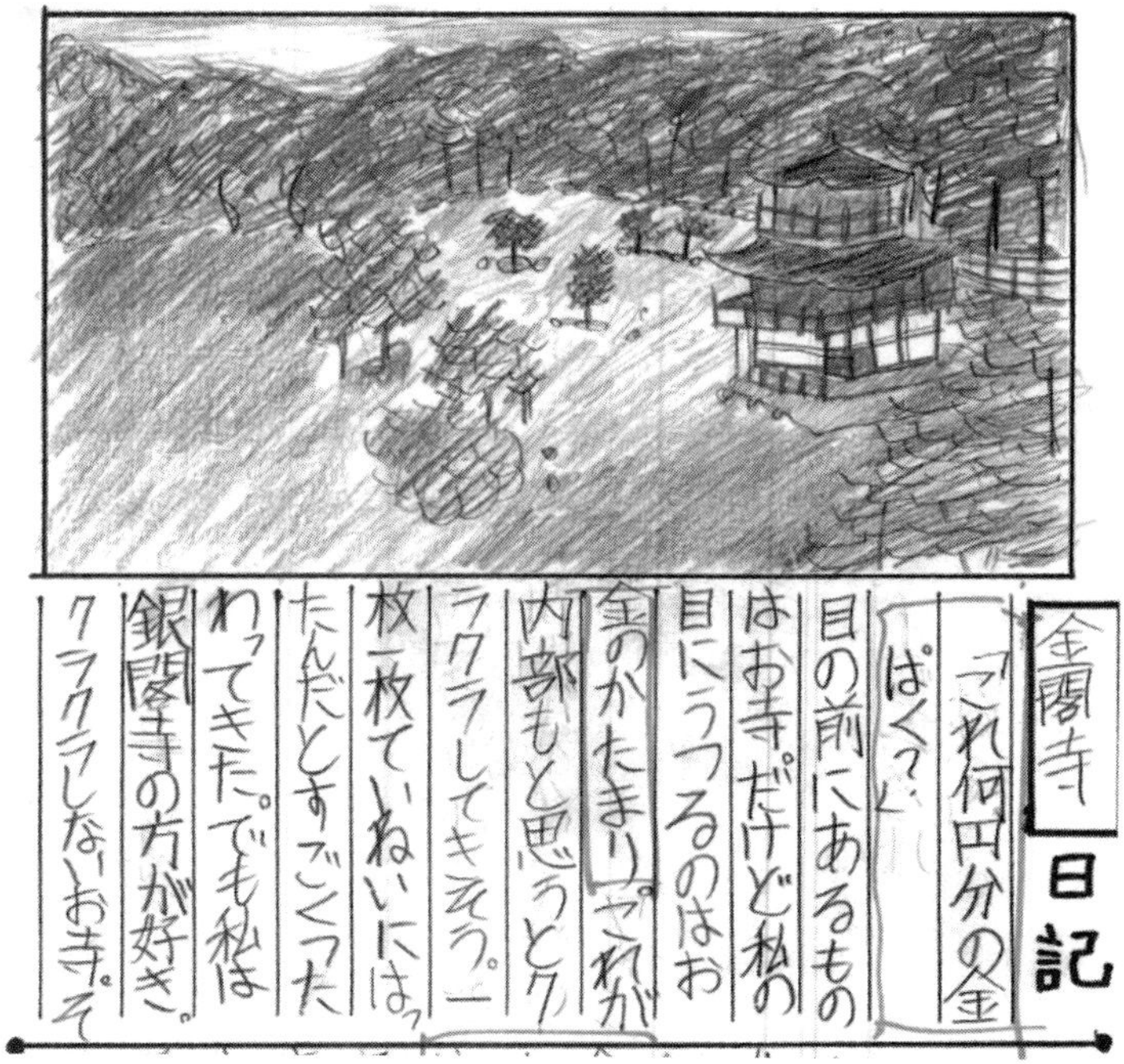

金閣寺
日記
これ何円分の金
ぱく？
目の前にあるもの
はお寺だけど私の
目にうつるのはお
金のかたまり。それが
内部もと思うとク
ラクラしてきそう。一
枚一枚ていねいにはっ
たんだとすごくつた
わってきた。でも私は
銀閣寺の方が好き。
クラクラしないお寺。そ

教　師：だね。

教　師：次は最後の部分です。そこだけ読みますね。（次頁の作品の囲みの部分読む）

教　師：これ誰だと思う？

子ども：イノウエ君？

教　師：正解。さすがだね。これも「ユーモア系」または、「書き終わり余韻系」でもいいかな。

教　師：次は、急ぎ足で全部読むので、何系か考えてみて。

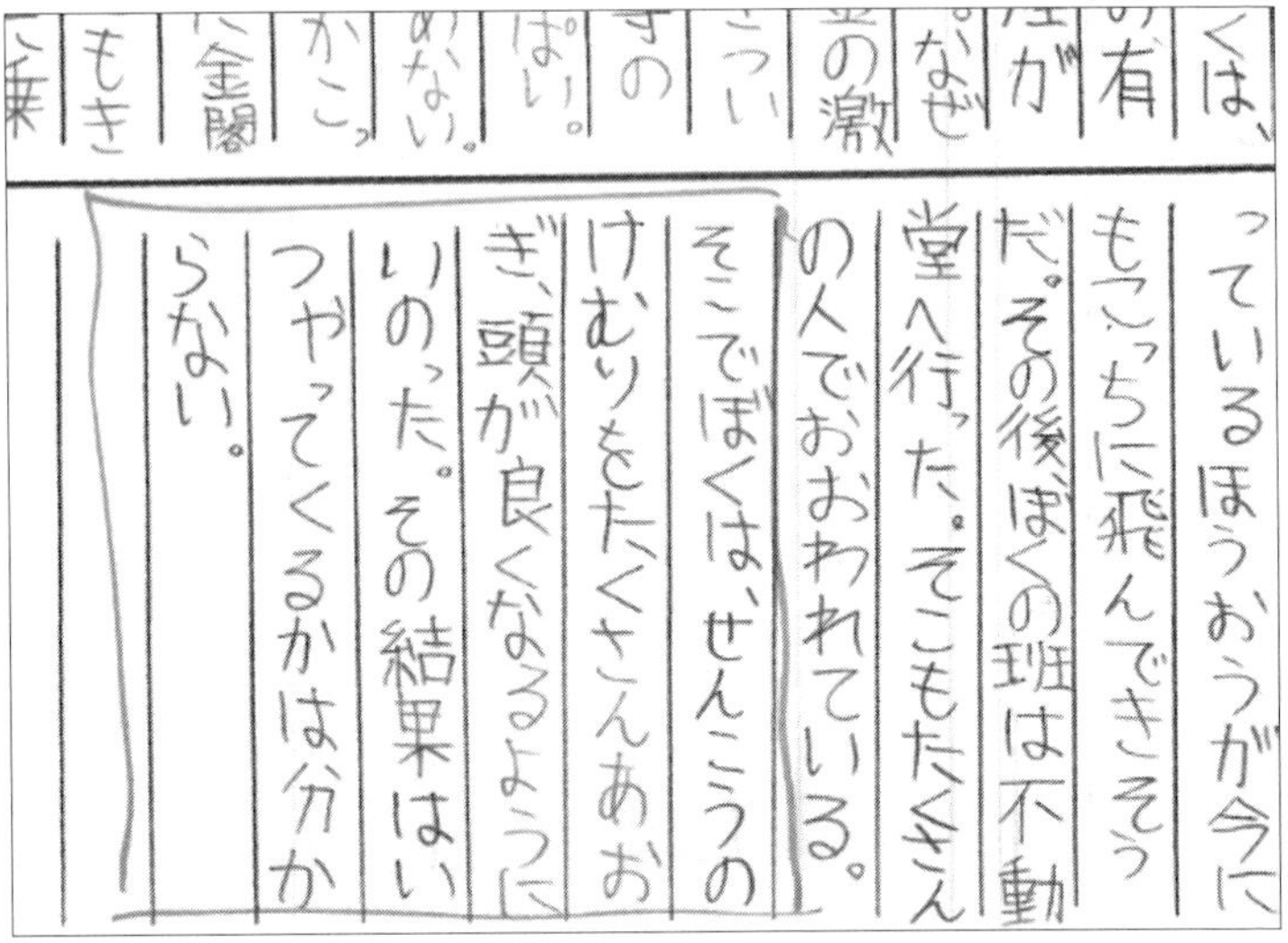
っているほうおうが今にもこっちに飛んできそうだ。その後ぼくの班は不動堂へ行った。そこもたくさんの人でおおわれている。
そこでぼくは、せんこうのけむりをたくさんあおぎ、頭が良くなるようにいのった。その結果はいつやってくるかは分からない。

（最後に掲載した作品を全文読む。「におい」のところを少し強調するように読む）

教　師：どうですか？

子ども：同じ言葉が何回も出てくる。

教　師：そうだね。「におい」だね。つまり？「におい」を「テーマ」にして書いている、ということだ。「テーマ系」と名付けるね……。

このように続いていきます。紙面ではなかなか伝わりにくいですが、子どもたちとテンポよくやり取りしながら読み聞かせをしていきます。

室町日記

「和風だな」この言葉を言った時、私は銀閣寺の前にいた。ほのかに香る和風のにおい。私はこのにおいにすっかりほれていた。金閣寺とはまたちがうい清らかな美しい光をはなっていた。

「金」この言葉をいった時、私はどこの前に立っていただろうか。そう、金閣寺。やはり、このオーラは、私の目が光るほどのものだった。どこから見ても最高の光をはなつ金閣寺。銀閣寺とはまたちがう和風のにおいがした。

金閣寺と銀閣寺。見た目はちがっても、同じ和風のにおいがした。そのにおいは、まだ私の心の中に残っている

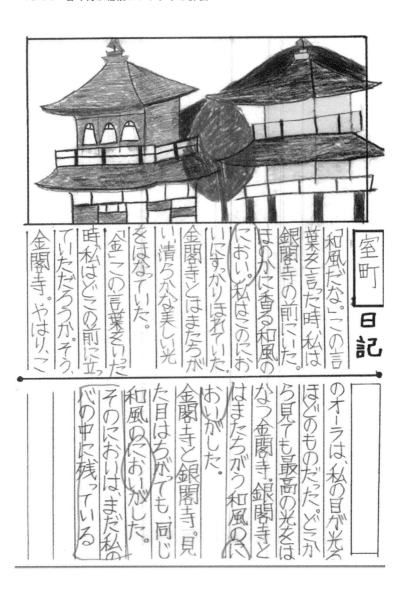

■一部を読み
↓
■一問一答でカテゴライズする

テンポのよい読み聞かせをしながら、作品を評価しつつ、書き方の「観点」を教えているのです。このような書き方がある、このような表現の仕方がある、このようなアプローチがある、ということは一回だけの授業では身につきません。**短くても、何度も繰り返すことが重要**なのです。それには「読み聞かせて一問一答」の展開です。

子どものノートには「観点」がメモされることになります。観点をためさせていく。やはり日記や短作文を書かせたら、そのあとがとっても大切になってくるのです。

〝攻めの評価〟となる「読み聞かせ」を大いに活用してください。

53 微音読してから教師のもとへ

子どもたちにノートや作文を持ってこさせるときの話です。完成して提出する。途中経過を見せに来る。そのようなときに、〝ひと仕事〟入れさせます。

「先生のところに持っていきます。でもその前に、《微音読》してから持ってきなさい」と指示するのです。

子どもたちには一旦読み返す習慣をつけたいもの（これがなかなか難しい）。

それは「書き間違い」を防ぐためです。「変なフレーズ」を防ぐためです。

そこで**「提出前には微音読で読み返す」**というルールを作ります。そして「微音読」の仕方を実際にレクチャーします。子どもたちは最初かなり大きな声で読んでしまいます。

そうなると他にまだ書いている子がいるので邪魔になってしまいます。ですから、**「微音読はろうそくの火をそっと消すような声で読むのです」**という表現をします。

「自分に聞こえるか聞こえないかくらいの声です」

と続けます。それでもすぐにはできません。実際に一人の子にさせてみます。

「まだ大きい」「まだ」と評価しながら「そのぐらい！」という状態をつくり出します。

「ね、意外に小さい声でしょう。でも、微音読とはそういうことなんです。他の子に聞こえて他の子の書く手を止めてはいけない。これが大切なルールなんです」

このようにきちんとルールを伝えてから取り組ませます。最初は、教師が特によく見ておくこと。そうでなければ子どもたちは忘れます。忘れて持ってきます。そういうときは、教師のもとにやって来たときに「微音読してから来なさい」とそっと言います。

黙読でもいいのですが、黙読は、読んでいるようで読んでいない状態を生みます。少し発声するからこそ、「あ、間違ってた」と気付けるのです。

最初は黙読ではなく、微音読で実際に少しですが発声させて自分の文章（作品）を振り返らせます。慣れてくれば黙読で振り返ればよいのです。「微音読」は**推敲まで行かない日常の中の〝セルフチェック機能〟**として行っているのです。

54 「ベストな一文」紹介法

勤務校に作家のあまんきみこさんが来校され、子どもたちの前で語ってくださったことがあります。私は担任していた六年生の子たちに、一言感想文を書かせました。

一言……といっても書くことに取り組んできている子たちは、それなりの分量を書きました。提出された感想文には、子どもたちが言葉を選んで書いている姿がありました。

この感想文をお家の方にも伝えたい。また、仲間がどう感じ取ったのかもクラスに広げたい。しかし全員分の全文を印刷していては時間もかかり、紙面も増えます。

そこで行ったのは、**その子の文章の中の「ベストな一文」を教師が全員分抽出し、その部分だけを並べて学級通信にして出す**ということ。

以下、実際の通信からの抜粋です。

N：これは、朗読の域をこえているのではないか。

Y：ぼくたちが読むときはもっと速くて朗読じゃなく、音読になる。

F：私たちがふだん読んでいた「白いぼうし」とは全くちがった。

H：（運転手の）松井さんのような人になりたい。

E：普通のランクを上げる、ということ。

N：（ファンタジーに対してあるわけないでしょう、と言う人に対して）こんなことを言う人は可哀想だ。ありえないことが起こるワクワク感や、広がる世界を知らないのだから。

M：物語にはたくさんかくれているものがあるんだな、と思いました。

T：「自分の言葉で書く」ということは、他人との共通点を少なくするということだ。もしかしたら共通の反対は独特なのかもしれない。

Y：ご本人が読むと作風と声、スピードが会場全体をあたたかい雰囲気でつつみこんだ。

F：私にとっての「本当」は、「事実」のことだけだった。だが、あまんきみこさんの話

M：を聞いて「真実」も私の中で「本当」になった。
M：（松井さんの行為は「やさしさ」ではなく、「当たり前」という話から）〝本当の基準〟を学んだ気がした。
K：「文学大賞」もやっと終わったのにもかかわらず、「やり直そうよ」ともう一人の自分がさわぎたてる。
N：ゆったりとしたあたたかい空気が私たちを包んでいた。作者に朗読してもらうなんて夢のようだ。
T：気持ちをこめてゆったりと読む人だった。
N：しっかりと人のためにやっていこうと思いました。
M：あまん氏の書く童話、そして『白いぼうし』も立派な芸術の一つだが、それを書くあまん氏も人間として芸術なのだ。
N：ぼくが朗読した時は早口だが、あまんさんはゆっくりで、また別の世界観を感じた。
T：ちょっと何かをやってあげた、の精神ではなく、このことをまずは当たり前にしていくことが大切だと思いました。
H：白いぼうしという作品を作者自らが朗読しているという、このロマンチックはたまらない。

N：ぼうし一つひとつにだってあまんさんの愛がこめられていたのだった。

I：話を聞けることに感謝します。

S：えらそうなことは一つも言わず、遠回しに自分の伝えたいことを伝える。

通り一辺倒のことを書いていない子たち。その中でも特に読んでいて私の胸に刺さったフレーズを「ベストな一文」として抜き出しました。こうして改めて眺めてみると、**子どもたちの言葉のもつパワーの〝すごみ〟**すら感じます（一文ずつすべて読んでみていただけましたか？）。どの子にも文章全体の中に、キーとなる一文が存在します。そこを見て取って、あまりためらわずにどんどん打ち込んでいく。もし意図的に指導したいことや書き入れさせたいことがあった場合はもちろんその部分を抽出します。

子どもたちには、〝これ〟という素敵なエキスだけが惜しげもなく（！）公開されることになります。とても効果的です。

時間は有限です。伝えたいことは山ほどあります。

感想文は、効果的な伝え方でより効率的に機能するのです。

55 〝妥協〟をスルーしない

P.221の画像は六年生の子のノートに書いた私のコメントです。

『やまなし』（光村図書六年）の学習のときの「まとめの感想文」です。この子はとても読み取りの鋭い子です。しかし、単元の最後に位置づけている「まとめの感想文」が提出されて読んでみると物足りない気がしたのです。盛り上がって、さあここから、というところで終わっているように思えました。

まだ行ける。そんなときはスルーしません。この子はもっと読み取ったことを表現できるはず。それくらいの文章力と思考力をもっている、と感じたときは率直にその子に返します。ノートにコメントを書いたりや、直接話すなどをして。

それができるのが担任（担当）です。

一学期も半ばを過ぎてくると、段々と個々の書く力が見えてきます。

そこで、その子に応じてコメントしていく。全く書き出せない子が、文章の記述を拠り所に感想文を書いたら、それは大いに褒めて、継続するよう促します。

かなりの量の文章を論理的に書ける子に対しては質の向上を求めていきます。例えば、「根拠が弱い」とか「それは文章のどこに書いてあるかな？」と突っ込んだ質問をコメントでします。

子どもによって伸びが違うので、その子に合ったコメントをしていきます。

そこに**見る側（教師）の妥協はありませんし、子どもにも妥協させません。**

先の例は高学年の例ですが、中学年以下も同じ。

表現を変えながら伝えます。「たくさん書けるようになったね」とか「理由を書けたらもっとよかったぞ」とか「きちんと引用して書けている。続けよう」などです。

コメントは、書かせる前に授業で学習したことがあり、「必ず引用して書くこと」という決まりのもとに書かせているならば、その部分をまずはコメントします。それ以外については、そこに応じて微妙に変わっていくのです。

私は賢治のこうした生き方に心動かされ、このように生きたい、このような美しい表現をしたいと思った。

正直、ここでおわりで、残念だ。ここぞではとても力を入れてかいているがパワー不足！　きれいな言葉に逃げず、一つひとつ「やまなし」から中から具体例を出してコツコツとのべていってほしい！　君にはその力があるのに…。

「主題」について「このような考え」をもったのはたぶん君だけではないか。先生はとてもあてはまると思う。かにの父は、もうちょっとまてごらん、と、やまなしをとるのをまたせ、酒になることを伝えた。これはまさに、賢治が人々に言葉を伝えた生涯とかぶる…。君の文章で先生もそう思えた。だけに！！もっと書いてほしい！！と欲が出るのだ！！ガンバレ！！

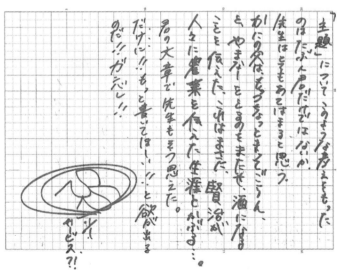

56 酔いしれる子の対処法

子どもたちが「書くこと」にノッてきたら、嬉しい悲鳴も出てきます。「酔いしれる子」の登場です。文章の内容の質ではなく、形式のほうにとらわれて、そちらのほうにばかり凝ってしまう状態です。

・「それについては後で書こう（話そう）」というフレーズが流行する。
・文章が具体的にならずに比喩（たとえ）ばかりになってしまう。
・オーバーな表現の多用。

まず大事なのは、それもまずは「お、ノッてきたな。よし、よい傾向だ」と受け止めたい、ということです。ここでは〝その次〟の話をします。

こういった**自己満足型に陥ってしまった場合は、その場ですぐに極めて具体的なコメントでアドバイスをしてあげる**のが有効です。

最初の例の、「それについては後で書こう（話そう）」ですが、これは一人そのように書いている子がいたので、ノート紹介のときに「大人な言葉だ。すごいね」と皆の前で褒めたのです。それ以来、このフレーズが流行（笑）。

それでいいし、そういうものです。子どもって健気ですよね。

ただ問題は「後で話そう」と書いているにもかかわらず、「後で話さない」「結局それ以来出てこない」という子が多い場合。そこで、「後で話してないやん！　書き足して！」と該当の子たちには具体的にコメント欄に書き、再提出させました。その場を見逃さないことです。

また二つ目の例のような場合は、「たとえが多すぎて逆にわかりにくくなっているよ。具体的な名前や言葉を」というようにアドバイスします。

逆説的なことを最後に書きますが、「酔いしれる子」結構！　いいじゃないですか。あなたが書くことの指導に熱を入れている証拠です。

笑顔でアドバイスしてあげましょう。笑顔でね。

エピローグ

エピローグですが、始まりです。

本書で少しでも「書く指導」に力を入れてみよう、向き合ってみよう、と感じていただけたなら、ここからはあなたが実際に子どもたちと〝セッション〟していく番です。

今、まさに始まり。

出発です。

「書くこと」の海は広い。

こぎ出すために自分のクラスの子たち用の船を選びましょう。

書くことが苦手と言っている子たちに何からアプローチするか。子どもたちの様子を見て、作戦を練りましょう。

わくわくしながら。

書くことの魅力を一つひとつ子どもたちに提示していく。

書くことの世界を一つひとつ子どもたちと共有していく。

子どもたちは書けば書くほど「考える」ようになっていく。

そんな光景を目の当たりにできるかもしれないのです。私たちは。

なんて素敵な仕事でしょうか。


「書くこと」の指導は子どもたちの可能性を大きくのばしてくれる指導です。

子どもたちの世界を大きく広げてくれる指導です。

猛然と書いている子どもたちの姿をふと目にするときの喜び。

放課後、子どもの書いたものの中から宝石を見つけたときの、感謝にも似た気持ち。

そんな気持ちを味わう度、教師をしていて本当に良かったと感じられます。

教師になる前、学生の時に心に決めた「書くこと」を伝えていく教師になろう、という気持ち。

この気持ちは今、ますます大きく、強くなっています。

あのときと違うのは、はっきりと実感を持って「書くこと」が子どもたちを伸ばす、と言い切れること。

これまでの子どもたちの姿を糧に、これからの子どもたちにもまた明日から「書くこと」を語ろうと思います。

「書くこと」を介して対話しようと思います。

「書くこと」を追求する道を、ともに歩みましょう。

本書をまとめるにあたり、東洋館出版社の畑中潤氏には大変お世話になりました。感謝申し上げます。

今日もまた、子どもたちの〝生まれたての言葉〟に出会えることに感謝。

森川 正樹

［著者略歴］

森川正樹 Morikawa Masaki

兵庫教育大学大学院言語系教育分野（国語）修了、学校教育学修士、関西学院初等部教諭。

32年版学校図書教科書編集委員、全国大学国語教育学会会員、授業UDカレッジ講師。教師塾「あまから」代表。教師の笑顔向上委員会代表。国語科の「書くこと指導」「言葉の指導」に力を注ぎ、「書きたくてたまらない子」を育てる実践が、朝日新聞「花まる先生」ほか、読売新聞、日本経済新聞、日本教育新聞などで取り上げられる。全国で「国語科」「学級経営」などの教員研修、校内研修の講師をつとめる。社会教育活動では、「ネイチャーゲーム講座」「昆虫採集講座」などの講師もつとめる。

著書に、本書の三部作『あたりまえだけどなかなかできない教師のすごい!仕事術』『言い方ひとつでここまで変わる教師のすごい!会話術』『このユーモアでクラスが変わる 教師のすごい!指導術』（東洋館出版社）、『教師人生を変える!話し方の技術』『どの子も必ず身につく書く力』（以上学陽書房）、『できる先生が実はやっている　働き方を変える77の習慣』『できる先生が実はやっている　教師力を鍛える77の習慣』『クラス全員が喜んで書く日記指導』『小1～小6年“書く活動”が10倍になる楽しい作文レシピ100例』（以上明治図書）、『先生のための!こんなときどうする!?辞典』（フォーラム・A）他、教育雑誌連載、掲載多数。教師のためのスケジュールブック『ティーチャーズログ・ノート』（フォーラム・A）のプロデュースをつとめる。


【社会教育活動】

「日本シェアリングネイチャー協会」ネイチャーゲームリーダー、「日本キャンプ協会」キャンプディレクター、「日本自然保護協会」自然観察指導員、「CEE」プロジェクトワイルドエデュケーター

【ブログ】森川正樹の“教師の笑顔向上”ブログ
http://ameblo.jp/kyousiegao/

子どもの思考がぐんぐん深まる
教師のすごい！書く指導

2018(平成30)年３月20日 初版第1刷発行
2021(令和３)年３月22日 初版第4刷発行

著　者　森川正樹
発行者　錦織圭之介
発行所　株式会社 東洋館出版社
〒113-0021 東京都文京区本駒込5-16-7
営業部　電話 03-3823-9206／FAX 03-3823-9208
編集部　電話 03-3823-9207／FAX 03-3823-9209
振替　00180-7-96823
URL http://www.toyokan.co.jp
装　幀　水戸部 功
印刷・製本　藤原印刷株式会社

ISBN978-4-491-03491-1　Printed in Japan

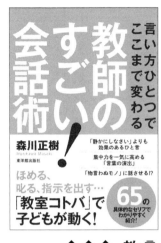